Ai miei nonni contadini

L'Associazione culturale Davide Lajolo onlus promuove studi sullo scrittore e produzioni editoriali e multimediali; si occupa di ricerche storiche e sociologiche, di tutela dell'ambiente e della valorizzazione del paesaggio; organizza convegni, manifestazioni culturali sugli *Itinerari letterari di Davide Lajolo*, il *Festival del paesaggio agrario*.

Edita dal 2001 la rivista *Culture* assegna ogni anno il *Premio Davide Lajolo – Il ramarro* a personalità che si siano distinte nel campo della cultura, del giornalismo, dell'arte, della ricerca.

Conserva l'archivio e la biblioteca di Davide Lajolo e, in occasione del centenario della nascita dello scrittore, ha esposto la collezione d'arte Gli artisti Ulisse a Palazzo Monferrato di Alessandria, aperta al pubblico gratuitamente.

EDIZIONI :
ASSOCIAZIONE CULTURALE DAVIDE LAJOLO ONLUS
Via Alta Luparia 5 Vinchio (AT), www.davidelajolo.it

Laurana Lajolo

Taccuino sul paesaggio rurale

Le colline del vino
Langhe-Roero e Monferrato

Associazione culturale Davide Lajolo onlus
www.davidelajolo.it

Associazione Davide Lajolo onlus

Parte prima

DAL MARE ALLA VIGNA

1. *Le terre sorte dal mare preistorico*

C'era una volta il **mare**: si potrebbe cominciare così a raccontare la storia più antica del territorio di Langa e Monferrato. Il termine Langa è di origine ligure e può significare "lingua di terra" emersa dal mare. Nel dialetto piemontese indica "collina".

Il territorio di Langhe e Monferrato è infatti figlio del mare con una lunga e interessante **storia geologica**.

Nel periodo dell'Oligocene (iniziato 33 milioni di anni fa) tutta la Pianura padana era sommersa dal mare, da cui emerse l'Alta Langa nel periodo del Miocene (23 milioni di anni fa). Alla fine di quel periodo apparvero anche le colline più basse di Langhe e Monferrato per effetto della separazione del Mediterraneo dall'Oceano Atlantico e si formarono notevoli banchi gessosi, come le marne ancora visibili fra Cherasco, Guarene, Castagnito e Magliano, ricche di fossili marini e vegetali marini.

Il mare padano si prosciugò nel Pliocene (iniziato 5 milioni di anni fa) dando origine a una vasta pianura per molto tempo paludosa, abitata da elefanti, cervi, mammut, iene e ghepardi, come attestano gli scheletri di mammiferi marini e terrestri rintracciati nel terreno sabbioso. Il disegno più definito delle colline di Langhe e Monferrato

avvenne nella fase detta del **Pliocene Astigiano**.
Nel periodo del Quaternario le progressive spinte
verso nord del continente africano provocarono
un ulteriore sollevamento della pianura. Il clima si
raffreddò con alternanza di periodi aridi, periodi
umidi e glaciazioni sulle Alpi e sulle Prealpi, dove
si formarono le morene. Nelle Langhe i venti forti
produssero fenomeni di erosione con il deposito
di limo argilloso e nelle valli si scavarono l'alveo
i fiumi Tanaro, Bormida, Belbo e piccoli torrenti
con sponde alte di calanchi, rocche e tane. Le sab-
bie grigio-giallastre di origine marina conservano
ancora oggi fossili di conchiglie e pesci. Negli
anfiteatri di tufo si formarono anfratti cavi, in cui
le leggende raccontano che ancora in tempi recenti si rifugiassero i banditi e le "masche" (streghe in dialetto).
Il suolo, articolato in creste lunghe e aspre, assun-
se colori e forme dovute all'alternanza di strati di
sedimenti diversi. Nel Medioevo con quelle are-
narie grigio-azzurre e marne argillose furono costruiti castelli e chiese.
Tale composizione complessa del suolo, come
spiega Elena Sardo[1], consentì un habitat unico
per fauna selvatica e flora con un alto grado di
biodiversità e formò specificamente il terreno più
adatto alla coltivazione della vite.

2. La terra aleramica

Per millenni quelle paludi e quelle colline furo-

---

1. E. Sardo, *Lungo i calanchi del Tanaro,* in (a cura di S. Conti) *Alla
scoperta di un patrimonio,* Torino, Allemanni, 2011

no dominate dalle foreste e da qui proviene forse un'altra etimologia della Langa di "terra desolata". Nell'età del ferro (2000 a.c. circa) si insediarono sul territorio tra l'odierna Liguria e la Francia meridionale, compreso l'attuale Piemonte, tribù di Liguri. E cominciarono le migrazioni: alla metà del II millennio a.c. arrivarono popolazioni celtiche, che si mescolarono con le tribù liguri e diedero vita alla **cultura celto-ligure**.

Nel II sec. a.C. quella popolazione fu sottomessa dai romani e l'imperatore Augusto portò a termine il processo di romanizzazione. Furono i **romani** introdurre la coltivazione della **vite** sulle colline del mare, riducendo la superficie dei boschi e delle foreste, e ad avviare una radicale trasformazione del paesaggio.

Con la decadenza dell'Impero romano arrivarono altre popolazioni, questa volta provenienti dal Nord Europa: prima gli Ostrogoti e poi nel VI secolo i **Longobardi**, che, divenuti sedentari e agricoltori, migliorarono il metodo di coltivazione della vite introducendo l'impianto a girapoggio. Quella fu un'innovazione molto importante e confacente con il terreno perché la modalità di impianto, ancora oggi in uso, accompagna il declivio della collina secondo le linee di massima pendenza, evitando erosioni e frane del fragile terreno argilloso e sabbioso.

Nel IX-X d. C. giunsero anche sulle colline monferrine e langarole i Saraceni, nomadi arabi denominati "figli del deserto".

I **Saraceni** (termine usato per arabi, berberi e andalusi) avevano conquistato nel corso dell'VIII e

IX sec. d.C il Mediterraneo occidentale fino alla penisola iberica, vincendo anche i Franchi di Carlo Magno, e dalla Sicilia erano arrivati fino alle porte di Roma. Nel IX sec. Saraceni andalusi sbarcarono in Provenza, dove a Frassineto aprirono un grande emporio per i loro commerci. Da qui fecero scorrerie lungo le coste e zone adiacenti (Marsiglia, Tolone e Nizza) e verso l'entroterra, spingendosi fin oltre alle Alpi e nella pianura piemontese. Nel 906 saccheggiarono e distrussero l'Abbazia della Novalesa. Tra il 934 e il 935 corsari saraceni saccheggiarono Genova.

La leggenda racconta che fu un ambizioso cavaliere di nome **Aleramo** ad arrestare nel 935 l'avanzata dei Saraceni sulle colline monferrine. Dopo la sconfitta, gli arabi si integrarono con la popolazione, dedicandosi ai commerci e anche all' agricoltura, lasciando memoria di sé in toponimi di località agricole e nei villaggi, oltre che nei tratti somatici di molti abitanti.

Aleramo era un cavaliere dell'imperatore Ottone I, il quale si innamorò della figlia principessa Adelasia e fuggì con lei in Liguria dove fondò Alaxia (ora Alassio). Per il suo valore in guerra ottenne poi il perdono dell'imperatore, il quale decise di concedergli tante terre quante egli fosse riuscito a percorrere cavalcando senza sosta per tre giorni. Quel territorio fu denominato **Monferrato** "mòn e fer". A seguito di quella straordinaria cavalcata, Ottone I di Sassonia donò a Aleramo le molte terre ancora incolte tra il Tanaro, l'Orba e il mare e gli concesse il titolo di marchese di Acqui, Monferrato e di Savona.

Su quella denominazione fiorirono leggende come quella che la fa risalire all'utilizzo di mattoni per ferrare i cavalli, che, Aleramo, nella sua frenetica corsa, avrebbe gettato dietro di sé. Un'altra versione dice che il marchese avrebbe usato un mattone "mòn" come martello per ferrare il cavallo, che aveva perso un ferro "fér" durante la galoppata. Alcuni studiosi, però, fanno risalire il nome Monferrato ai numerosi castelli in mattoni fortificati a presidio del territorio.

Nel Trecento il cronista monferrino fra' Iacopo d'Acqui diffuse la notizia, ripresa secoli dopo da Giosuè Carducci nel suo *Cavalleria e Umanesimo*, che Aleramo fosse nato nell'abbazia di Santa Giustina a Sezzadio presso Acqui Terme durante un pellegrinaggio dei suoi genitori e alimentò ulteriormente la leggenda delle terre d'Aleramo.

3. Il disegno del paesaggio coltivato

Pe la ricca composizione del suolo Langa e Monferrato divennero terre fertili e produttive con un paesaggio disegnato dalle coltivazioni, come illustra lo storico Renato Bordone facendo riferimento ai modi di alimentarsi dei contadini nel corso dei secoli[2].

Nel basso Medio Evo nelle pianure umide erano coltivati cereali e leguminose, si allevavano ovini e caprini e si impiantavano con buone tecniche i vigneti in collina, secondo l'eredità lasciata dai

---

2. R. Bordone, *Un paesaggio da mangiare, incidenza degli usi alimentari sulla formazione della storia del paesaggio astigiano*, in (a cura di) M. De Vecchi, *Il paesaggio astigiano. Identità valori prospettive*, Cassa di Risparmio di Asti, 2008

Romani, come si legge nell'editto di Rotari (643 d.C.), mentre i feudatari locali edificavano possenti castelli a scopi militari in posizione strategica sulla sommità delle colline.

Dopo l'anno Mille, superata la paura della fine del mondo, ci fu un incremento demografico e i prodotti della terra cominciarono a risultare insufficienti, quindi i signori locali decisero di estendere i coltivi, facendo dissodare ai contadini brughiere e foreste. Il paesaggio collinare diventò sempre più antropizzato.

Nell'Alto Medio Evo il territorio risultava ricco di vigne con alberi da frutta e coltivi tra i filari, che si alternavano a campi, prati, mentre i villaggi erano insediati in vicinanza dei corsi d'acqua. La cura della terra necessitava di molta manodopera e nel feudo venne introdotta la mezzadria con contratti stipulati tra il proprietario e i contadini, come fece anche la Chiesa con le sue proprietà. Fu anche consentito ai contadini di usufruire di terreni comuni e il paesaggio risultava ben coltivato e armonico.

Ma nel Quattrocento si verificò una crisi economica con terribili epidemie. Le popolazioni, vessate dalle continue scorrerie di banditi e mercenari, si trasferirono per ragioni di sicurezza sul culmine delle colline con nuovi villaggi, che ancora caratterizzano lo scenario paesaggistico.

Soltanto a metà del Cinquecento si ebbe una ripresa della produzione e dei commerci e fu allora che si estesero ulteriormente i vigneti e vennero costruite le cascine all'interno dei poderi. Ci fu più benessere anche per i contadini, che cominciarono ad avere un'alimentazione più varia con pane, vino, ortaggi e legumi.

Nel Seicento vi fu un nuovo incremento degli abitanti, che ampliarono le aree coltivate, e nel Settecento, con l'importazione del mais dalle Americhe, fu introdotta la polenta nell'alimentazione quotidiana. I contadini continuarono a lavorare al servizio dei signori e degli ecclesiastici, mentre nel Monferrato e nelle Langhe si susseguirono le dominazioni straniere fino a che, a metà del XVIII secolo, la terra di Aleramo fu annessa al ducato dei Savoia.

All'inizio dell'Ottocento la breve parentesi del potere francese, con i suoi provvedimenti innovatori, dotò il territorio di catasti, che riprodussero accuratamente il territorio, opere di pregio che qualche Comune conserva ancora nel suo archivio storico.

La confisca dei beni ecclesiastici, decisa da Napoleone, offrì ai contadini l'opportunità di acquistare della terra, ponendo le condizioni per la diffusione della **piccola proprietà**. I contadini investirono i risparmi della famiglia o, se non avevano disponibilità di capitale, utilizzarono prestiti ad usura.

Molti boschi furono trasformati in coltivi con qualche redditività. La conduzione familiare consentì di mantenere la proprietà, ma non certo di apportare migliorie alla produzione, annota lo storico Vittorio Rapetti[3]. L'alimentazione sempre di scarsa qualità comportò la diffusione della pella-

---

3. V. Rapetti, *Uomini, collina e vigneto in Piemonte da metà Ottocento agli anni Trenta*, Alessandria, Edizioni dell'Orso, 1984

gra anche con esiti mortali.

Dopo l'annessione al regno sabaudo le Langhe e il Monferrato divennero terre povere e marginali con un'economia continuamente compromessa dalle calamità atmosferiche. Molti abitanti, tra la fine del XIX secolo e l'inizio del secolo successivo, furono costretti a emigrare in Francia, nelle Americhe, in Australia.

4. Chiese campestri e piloni votivi

Tra l'anno 1000 e il 1200, sulla cima delle colline, protette da cortine di alberi e da boschi, furono costruite piccole **chiese di fattura romanica**, come gemmazioni di conventi, ospedali e proprietà di vescovadi. Erano un riferimento di religione popolare, oltre alla chiesa parrocchiale. Nell'Astigiano Montechiaro, Camerano Casasco, Chiusano, Cinaglio, Cortazzone sono esempi di piccole chiese restaurate.

La più importante e la più affascinante delle chiese romaniche dell'Alto Monferrato è l'abazia di Vezzolano, costruita verso la fine dell'anno Mille in una conca a circa un chilometro dal paese di Albugnano, circondata da coltivazioni a vigna e prati. La facciata è decorata da capitelli e statue e alterna ai mattoni fasce in arenaria con bassorilievi sul portale. L'interno è impreziosito da una ricchissima decorazione a bassorilievo sul jubé. Nel chiostro si possono ammirare affreschi del XIII e del XV secolo[4].

Accanto è stato ripristinato il meleto storico per

---

4. www.piemonteitalia.eu/.../312/abbazia-di-vezzolano-albugnano.html

mantenere la memoria della coltivazione tradizionale dell'albero da frutto. Sono stati impiantati quarantotto alberi di ventun varietà di antica origine piemontese, disposti in quattro aree con impianto a croce. C'è l'albero delle mele "carlo bianco" con la buccia giallo-verde vicino alla rossa "calvilla" e alla "ciocarin-a" bianca di forma più allungata, il pom rusnent dal gusto acidulo, quello che i contadini di una volta conservavano nelle "damigiane, vicino alla varietà matan e al pom d'la bota"[5].

Oltre alle chiese romaniche vi sono altre piccole costruzioni nate da un culto popolare tramandato nei secoli, i piloni votivi, che sono ancora oggi presenti nei crocevia delle strade campestri e ai bordi delle vigne. Venivano edificati come ex voto per uno scampato pericolo, come una carestia o una pestilenza, o per propiziare il ritorno di un familiare dalla guerra o per tenere lontano le intemperie atmosferiche come la tanto temuta grandine, che, in pochi minuti, portava via la fatica e il raccolto dell'annata. Erano utilizzati dai fedeli come luoghi di preghiera, specie per la recita del rosario serale. Le croci in cima al pilone o le immagini sacre all'interno dell'edicola venivano benedette in occasione di qualche processione o ricorrenza religiosa.

5. *L'edilizia rurale*

Nelle valli dei fiumi Belbo e Bormida, per assecondare le morfologie dei versanti secondo le curve di livello, la manutenzione del territorio venne

---

5. www.fruttetodivezzolano.it

fatta con terrazzamenti costruiti con muretti di pietra a secco sostenuti da archi e si iniziò a lastricare con pietra di Langa le strade di campagna per evitare il fango e permettere un percorso agevole ai carri trainati da buoi.

La marca Aleramica, ricca di castelli di difesa, di chiese e di pievi, fu caratterizzata anche da un'edilizia prettamente contadina come le **cascine**, che traggono la loro origine dall'architettura cistercense, con una propria tipologia costruttiva descritta dagli architetti Gianni Cavallero e Fabrizio Gagliardi[6].

Le case erano orientate verso est-ovest per favorire il soleggiamento invernale con la facciata verso sud-sudovest per sfruttare al massimo la luce. Avevano il tetto di coppi e quelle delle famiglie più benestanti anche cornicioni di cotto a vista e facciate di mattoni. I muri esterni erano intonacati a malta di calce locale, a volte tinteggiati con colori luminosi. La struttura in mattoni pieni manteneva una buona coibentazione termica sia d'estate che d'inverno.

La facciata era composta dal ritmo regolare delle finestre con tre specchiature a vetri per ogni porta e gelosie con paletta alla piemontese. I davanzali delle finestre erano in pietra e i ballatoi in legno. La porta d'ingresso era di legno massiccio con pannelli rettangolari e un sopraluce con elementi di ferro battuto per ornamento e per sicurezza. Il

6. Gianni Cavallero, Fabrizio Gagliardi, *Architettura nel paesaggio rappresentato e nel paesaggio costruito,* in (a cura di M. Devecchi) *Il paesaggio dipinto. Astigiano, Monferrato e Langhe,* Cassa di Risparmio di Asti, 2007

marciapiede era in mattoni.

La disposizione interna della cascina rispondeva alle esigenze di lavoro e di riscaldamento: la cucina era comunicante con la stalla, le camere da letto erano al primo piano, non esistevano i corridoi e le stanze erano separate dalla scala oppure comunicanti. I solai erano in origine in cannicciato e in seguito voltati in laterizio e intonacati. Talora le volte erano basse a padiglione, ma, dalla metà dell'800, le nuove voltine erano costruite con putrelle in ferro e laterizio di complemento.

Le funzioni agricole (fienile, stalla, porticato per gli attrezzi, cortile) erano predominanti sulla parte civile. Il cortile era in terra battuta e il pozzo, di cisterna o di sorgente, era al limitare della casa. Il letamaio era vicino alla stalla e il gabinetto, formato da una piattaforma bucata su una fossa di raccolta, era spesso collocato dietro alla casa e riparato con canneti o sacchi; in seguito nelle case più ricche fu fatto in muratura, ma sempre all'esterno, perché le abitazioni erano prive di acqua corrente.

La parte rustica comprendeva la stalla con piccole finestre, il portico per i carri e il fienile al piano superiore con ampie aperture ad arco in mattoni, a volte tamponate da mattoni forati, per consentire una buona aerazione del fieno e della paglia. Il fienile comunicava con la stalla attraverso un foro che consentiva di calare il fieno direttamente nella greppia. Le cantine avevano le volte a botte a tutto sesto o a vela, come si possono ancora vedere nelle ampie cantine industriali di Canelli, denominate cattedrali sotterranee ed esempio prezioso di edilizia vinicola.

A partire dal 1961 con i provvedimenti del Piano Verde i contadini iniziarono a migliorare le loro abitazioni con la dotazione dei servizi e le ristrutturazioni interne, ma molte cascine, a causa dell'esodo dalle campagne verso la città, vennero abbandonate e lasciate decadere. A partire dagli anni Sessanta e Settanta del Novecento molti abitanti scesero a valle lungo le strade di comunicazione e qui sorsero villette mono o bifamiliari e condomini, che peggiorarono l'immagine edilizia e urbanistica dei paesi. Vennero anche costruiti anonimi capannoni con funzioni artigianali e di piccola industria. Con l'incremento del tenore di vita si diffuse l'uso della seconda casa in campagna, con funzioni abitative di tipo urbano.

Nell'ultimo periodo, secondo la nuova cultura urbanistica e ambientale, le cascine rimaste sono state recuperate e ristrutturate con un certo rispetto della tipologia originaria, soprattutto per opera di stranieri e di cittadini, ai fini di una fruizione turistica e vacanziera.

6. Le trasformazioni delle colture nel Novecento

Per molti secoli il paesaggio vitato e boschivo di Monferrato e Langa rimase inalterato, ma, all'inizio del Novecento arrivò in Europa un insetto di origine americana, che intorno agli anni Trenta diventò un vero flagello per i vigneti: la **fillossera.** La fillossera è un afide che provoca la formazione sulle radici di galle nodose anche di notevoli dimensioni e la perdita di capacità assorbente del vitigno. Di forma tondeggiante e rugosa, le galle erompono anche sotto le foglie, dove formano una superficie bitorzoluta e irregolare.

Le viti delle colline del mare furono particolarmente colpite e non si trovò subito l'antidoto. Interi vigneti si estinsero. Sui magri guadagni dei contadini pesava già la grande crisi economica, iniziata nel 1929 negli Stati Uniti, e molti di loro non ressero alla nuova calamità devastante. I più giovani dovettero emigrare verso le Americhe e l'Australia per sostenere le famiglie.

Qualche tempo dopo fu trovato il rimedio innestando le viti europee su portainnesto di vite americane, le cui radici resistevano alla fillossera. E le vigne ripresero vigore, ma ormai il processo di trasformazione dell'economia della collina di Langhe e Monferrato era in corso. L'espansione industriale gradualmente sottrasse all'agricoltura la centralità di primo settore produttivo nazionale, anche se la politica agraria e sociale del fascismo fu orientata a mantenere un'Italia rurale conservatrice e senza capacità imprenditoriale, come sostengono Valerio Castronovo e Vittorio Rapetti[7].

Dopo la seconda guerra mondiale l'intensificarsi dello **sviluppo industriale** al Nord provocò un forte esodo dalle campagne di giovani attratti dal salario fisso, soprattutto verso la Fiat di Torino e verso le fabbriche delle pianure cuneese e alessandrina. Il reddito in campagna era, infatti, sempre scarso e minacciato dalle calamità atmosferiche senza alcuna copertura assicurativa.

---

7. V. Rapetti, *Uomini, collina e vigneto in Piemonte da metà Ottocento agli anni Trenta*, cit.; V. Castronovo, *Piemonte*, Torino, Einaudi, 1977

Dall'inizio degli anni Cinquanta si verificò, dunque, nelle zone collinari un abbandono massiccio di popolazione giovane, che, nel corso di pochi decenni, trasformò radicalmente l'antica società contadina, investita dall'urbanesimo e dalla modernizzazione. Superata la struttura patriarcale della famiglia, portante della piccola proprietà, si aprì una crisi profonda e irreversibile dell'assetto proprietario e sociale dell'area agricola del Piemonte meridionale.

Le direttive dei governi sullo sviluppo economico favorirono il settore industriale e il terziario ai danni dell'agricoltura dei piccoli proprietari, che erano fortemente penalizzati anche da un'intermediazione commerciale che condizionava pesantemente i loro guadagni.

Nel 1986 lo scandalo del vino avvelenato al metanolo, che provocò casi di grave infermità e anche di morte, fu una vera calamità per la collina vitata. Ma da quella crisi i viticoltori seppero reagire ed operare una profonda e positiva trasformazione dei processi di vinificazione e del mercato del vino. Dopo quell'increscioso episodio vi fu, infatti, un'inversione della politica della Regione Piemonte, che promosse la qualità dei vini anziché la quantità, avviando una trasformazione produttiva e economica di notevoli proporzioni. Ne furono protagonisti alcuni imprenditori vinicoli di Langa, che cercarono nuovi mercati all'estero, e qualche cooperativa sociale, che si qualificò con l'imbottigliamento del prodotto.

Negli anni Novanta del Novecento si avviò, dunque, la produzione e la commercializzazione dei vini pregiati con brand e etichette di aziende private e cooperative, che nel tempo hanno acquistato grande risonanza internazionale, concentrando nuova ricchezza in alcune parti del territorio collinare delle Langhe e del Monferrato.

Si è creato anche un indotto importante a partire dalle macchine per l'enologia, concentrate nella zona di Canelli, all'avanguardia a livello mondiale, senza dimenticare la produzione di bottiglie e di etichetta e tutto ciò che è legato al mondo del vino.

La **nuova economia** del vino d'eccellenza è sostenuta da una visione imprenditoriale, investimenti di capitali, innovazione tecnologica e nuove strategie di marketing. Pertanto, nelle zone più produttive, è stata adottata la coltura intensiva del vigneto, rinunciando ad altre colture e, in qualche zona, sono stati impiantati nuovi vigneti a ritocchino per favorire l'uso del trattore tra i filari. Ma questo metodo di impianto non è adatto a trattenere l'erosione dell'acqua piovana e favorisce il trascinamento della terra a valle. Nel complesso, però, prevalgono ancora i tradizionali impianti a girapoggio secondo moduli geometrici che seguono le curve di livello e rappresentano la migliore sistemazione idraulica di versanti fragili.

Pur modificandosi con tali interventi strutturali, il secolare paesaggio rurale ha conservato nel suo complesso quella geometria ondulata delle colline che rimanda all'immagine fantastica del mare originario. Oggi il fascino di questo paesaggio, molto apprezzato anche dagli stranieri, è un veicolo di turismo enogastronomico e di valore aggiunto alla qualità del vino.

In alcune aree marginali sono state introdotte nuove colture a sostituire la vigna. Nelle valli si semina, oltre al grano, avena, soia con sementi ibride, si sono sviluppate l'orticoltura e la floricoltura industriale e i campi si pavoneggiano del giallo dei girasoli, mentre si estendono i noccioleti nei luoghi più ombrosi.

Nei boschi, spesso cresciuti su gerbidi, la robinia si è diffusa anche a scapito delle specie autoctone come faggi, castagni (una volta usati come pali a capo dei filari), querce, pioppi, noci, frassini e piante da frutto selvatiche, ma continuano a fare siepe ai bordi dei boschi i tradizionali arbusti di biancospino, sambuco, prugnolo e rovi, che danno rose canine, bacche e more.

Lungo ruscelli e torrenti sopravvive qualche pianta di salice, i cui rami in passato erano utilizzati per legare i tralci ai filari di canne che sostenevano i vitigni. Oggi le canne non servono più e rimangono senza funzione ai bordi di qualche gerbido per mantenere memoria degli antichi metodi di lavorazione.

Anche i gelsi sopravvissuti rimandano all'allevamento d'un tempo del baco da seta, a cui fornivano le foglie, e le ultime alberate lungo il perimetro di seminativi e di prati segnano i confini di antiche proprietà.

Dal 1998 una nuova malattia, dal nome dolce, **flavescenza dorata**, ma dagli effetti devastanti, sta colpendo i vigneti, soprattutto quelli di viti barbera, cortese, chardonnay e dolcetto, mentre appaiono più indenni quelle di moscato e d nebbiolo. La malattia ha assunto un andamento epidemico e produce la distruzione del vigneto nel giro di tre o quattro anni.

La flavescenza dorata è provocata da un fitoplasma, cioè un microrganismo simile a un batterio, che vive nei vasi floematici della pianta, e viene diffusa tramite l'insetto vettore, lo "scaphoideus titanus", che si nutre sulle viti infette e inocula il fitoplasma nelle viti sane. Può anche essere trasmessa con innesti malati.

I sintomi della flavescenza dorata si evidenziano a partire da metà maggio: le foglie sono più piccole del normale con bolle e ripiegate, i germogli tendono a disseccarsi e la corteccia diventa di colore bruno. Altri sintomi sono visibili da metà agosto a fine settembre, quando le nervature delle foglie si arrossano nei vitigni a bacca rossa e ingialliscono in quelli a bacca bianca e i grappoli appassiscono rapidamente. I filari, svuotati dalla malattia, rivelano a distanza la sofferenza della vigna diradata.

Per ora non si è ancora trovato l'antidoto, nonostante la lotta di contrasto sia obbligatoria da qualche anno e il Settore fitosanitario della Regione Piemonte abbia messo a disposizione degli agricoltori risorse tecniche e scientifiche. I trattamenti chimici sulle viti malate vanno fatti circa 30 giorni dalla schiusura delle uova dello scafoideo e ripetuti venti giorni dopo; a volte è necessario un terzo intervento nel corso dell'estate. Le piante infette vanno estirpate immediatamente, eliminate le ceppaie e ripuliti i terreni incolti dai vitigni inselvatichiti.

Il Settore fitosanitario effettua periodici controlli nei vigneti e per i vivai ha prescritto il "passaporto delle piante", che garantisce barbatelle indenni per due cicli vegetativi dai sintomi della malattia. Dopo il monitoraggio a giugno in vigna, nel periodo da giugno a ottobre cura il posizionamento delle trappole cromotattiche per individuare i momenti più idonei per i trattamenti. Quindi invia risultati dei monitoraggi ai Comuni, alle organizzazioni agricole, ai tecnici, alle Cantine sociali e ai rivenditori.

L'aggravarsi dell'epidemia comporta che i coltivatori con piccole proprietà e di età avanzata siano indotti ad abbandonare la vigna, ma per ora molte aziende agricole combattono con determinazione e pazienza il fenomeno, sostituendo ogni anno i vitigni colpiti. In alcune zone il paesaggio delle vigne di barbera risulta però dolorosamente segnato, quasi un ritorno ciclico al flagello della fillossera.

7. La fotografia scattata dal censimento dell'agricoltura del 2011

La coltivazione dei vigneti a conduzione familiare, anche integrata da mezzadri e affittavoli, rimase la risorsa principale del territorio fino a che l'invecchiamento generalizzato della popolazione ha comportato, nell'ultimo periodo, il superamento della piccola proprietà con l'accorpamento in aziende più estese, o addirittura l'abbandono di terreni con la conseguente estensione del gerbido. La smodata urbanizzazione nelle valli ha poi prodotto un forte consumo del suolo agricolo, modificando pesantemente il paesaggio rurale.

I dati del **censimento dell'agricoltura** del 2011,

elaborati dalla Direzione Agricoltura della Regione Piemonte, evidenziano i mutamenti intervenuti nell'ambiente agricolo nell'ultimo decennio. Si registra una drastica riduzione della piccola proprietà a conduzione familiare (circa il 40%), mentre sono aumentate le aziende a conduzione societaria, che hanno accorpato terreni e che impiegano salariati, in larga parte stranieri. Il lavoro dei salariati nelle aziende societarie ha quasi del tutto sostituita la manodopera delle donne, propria della conduzione familiare della proprietà, ma va segnalata l'affermarsi della nuova imprenditoria femminile in alcune aziende.

Nell'ultimo periodo si nota una seppure limitata presenza di giovani, circa il 10% degli occupati. Nelle aziende che producono vini di pregio apprezzati sui mercati internazionali, i figli dei proprietari entrano a pieno titolo nella conduzione e altri giovani, non necessariamente di estrazione contadina, scelgono di lavorare in campagna.

Sono inoltre aumentati i terreni in affitto o in uso gratuito, ma complessivamente si è ridotta di migliaia di ettari la superficie agricola utilizzata rispetto al censimento del 1961. Nel corso degli ultimi 50 anni la superficie coltivata a vite si è ridotta del 65%, anche se la vite rimane la produzione più importante e caratterizzante. La provincia di Alessandria, che risultava nel 1970 la più vitata del Piemonte, ha successivamente lasciato il primato alla provincia di Asti, ma nell'ultimo censimento l'estensione in provincia di Cuneo risulta la più costante lungo l'intero cinquantennio. La superficie a vite è ora concentrata sulle colline delle Langhe, Monferrato e Roero, il cui paesaggio vitivinicolo è stato riconosciuto patrimonio dell'umanità dell'Unesco nel giugno del 2014.

Le trasformazioni portate dall'urbanesimo e dall'invecchiamento della popolazione contadina si inscrive, dunque, in modo palese sulla conformazione del paesaggio agrario[8].

8. M. Perosino, *6° Censimento generale dell'agricoltura* in "Agricoltura", periodico dell'Assessorato all'Agricoltura della Regione Piemonte, anno XV, n. 74, settembre 2011

Parte seconda

LA RISORSA ECONOMICA

1. Il paesaggio agrario come bene economico
Il paesaggio rurale testimonia come la terra sia il
bene economico più prezioso per il contadino, il
segno tangibile della considerazione sociale che il
proprietario gode nella sua comunità.
In passato la piccola proprietà monferrina e langarola era coltivata da tutta la famiglia, che faceva
fruttare il terreno disponibile per una produzione
di autoconsumo, distribuita durante l'anno. Si impiantavano filari ravvicinati e, all'interno di quello spazio ristretto, si seminavano verdure e grano
con gli alberi da frutto in mezzo alle vigne. Tutto
era legato all'economia povera e all'uso dei materiali presenti sul territorio. Ad esempio si usavano
canne e rami di salice, che crescevano ai bordi dei
terreni coltivati, per accompagnare la crescita del
tralcio della vite, dagli alberi di castagno si ricava-
vano i pali resistenti all'umidità da mettere come
sostegno a capo dei filari. I boschi cedui erano ta-
gliati periodicamente per procurare la legna per il
riscaldamento.
Si praticava il riuso di oggetti e materiali e si eco-
nomizzava su tutto. Al mercato settimanale, ancora fino agli anni Cinquanta, veniva utilizzato dai
contadini lo strumento del baratto per vendere i
prodotti della campagna e acquistare le merci che
servivano all'economia domestica, un'**economia
di sussistenza** del tutto scomparsa a partire dagli

anni Settanta.

Le vigne venivano impiantate anche in aree lontane tra loro e dalla casa, sfruttando le pendici solatie, mentre quelle più ombrose erano destinate a noccioleti e boschi. Le valli erano adibite a produrre il fieno, mais e grano.

Quel mondo è finito, ma nel paesaggio attuale rimangono alcuni elementi materiali e rimane soprattutto negli agricoltori il sentimento psicologico del possesso della terra.

L'impianto fondiario in Langa e Monferrato è in parte inalterato, perché sopravvivono ancora appezzamenti frazionati, ma le tecniche di coltivazione meccanizzate hanno richiesto filari più distanziati, a volte a ritocchino per agevolare il passaggio dei piccoli trattori, e cominciano a vedersi anche aree abbandonate, perché troppo faticose da lavorare.

Quindi il paesaggio collinare di oggi è destinato a cambiare rapidamente con gli accorpamenti poderali che si stanno estendendo, ma bisogna vigilare, osserva Vincenzo Gerbi dell'Università di Torino, uno dei massimi esperti di vitivinicoltura, che le necessarie trasformazioni non facciano perdere l'antico fascino e l'assoluta originalità del territorio, ricco di **vitigni autoctoni** poco o per nulla coltivati in altre zone dell'Italia e quindi del mondo, e la tradizione riconosciuta di vini di altissima qualità. Il territorio collinare delle Langhe e del Monferrato è, infatti, vocato da secoli ad essere coltivato a vite.

Produrre vino sulle colline piemontesi è sempre stato faticoso per la famiglia contadina, e ora è anche molto costoso per l'azienda agricola, organizzata secondo i nuovi parametri economici, ed è per questo che il vino deve essere di alta gamma con un prezzo remunerativo anche sul mercato internazionale.

Quel **paesaggio irripetibile** è, come dice Bruno Giau dell'Università di Torino, esperto di economia dell'agricoltura, un traino potente dell'intero comparto vino, che non è più il prodotto da osteria, ma è diventato un bene di consumo immateriale d'eccellenza.

E' cambiato radicalmente anche il mestiere dell'enologo, il quale una volta aveva il compito di correggere i difetti più vistosi del vino, mentre oggi, secondo la definizione di Vincenzo Gerbi, è un **wine maker** che firma il prodotto e lo garantisce al produttore. Produce, cioè, un vero e proprio progetto di design per un vino che non passa di moda perché di impeccabile qualità, e così il produttore vende all'acquirente anche il prestigio della sua produzione[9].

Per reggere la concorrenza internazionale è importante, oltre alla qualità, innovare i metodi di **commercializzazione** e le strutture di accoglienza in azienda. Anche la **comunicazione** deve essere strettamente connessa con il vitigno, con il paesaggio, con la storia del territorio, e capace di esaltare la serietà del produttore e evocare la sapienza contadina. Vanno dunque incrociate **competenze diverse**, facendo collaborare gli esperti

9. Vincenzo Gerbi, *Vino da design,* in (a cura di) L. Lajolo, *Gli uomini e la terra*, Danielapiazza editore, Torino, 2010

di marketing con gli enologi, i paesaggisti, i gestori del territorio, gli economisti per valorizzare il vino insieme alla terra, favorendo, in questo modo, anche l'attrazione turistica.

In particolare la promozione del prodotto all'estero deve tendere strategicamente a **identificare il vino con il territorio**. Diventano quindi importanti le azioni indirette come quelle delle arti visive, del cinema e della letteratura per far conoscere gli stili di vita, l'antica cultura contadina e il richiamo paesaggistico. **L'immaginario del consumatore** è, infatti, fortemente suggestionato dalle sensazioni olfattive e gustative del vino e viene indotto ad associare la qualità e la tipicità di un vino alla qualità e tipicità del paesaggio viticolo, come sostiene Bruno Giau[10].

In tempi di crisi il comparto vino ha perso un po' del mercato interno, ma ha retto la sfida dell'export e la wine-economy è diventata un modello per la ripresa italiana, arrivando nel 2013 a 5.000 miliardi di euro, superando, cioè, di ben cinque volte il totale delle nostre esportazioni e ponendosi al secondo posto tra i paesi esportatori dopo la Francia. Ha guadagnato quote di mercato importanti nella stessa Francia e anche in Australia, paesi altamente competitivi con il nostro vino. Il prodotto di qualità, quindi, si afferma anche all'estero e la qualità va incentivata con l'innovazione, gli accurati controlli e la cura della vinificazione e anche attraverso l'educazione a un consumo con-

---

10. Bruno Giau, *Comunicare il paesaggio del vino*, in (a cura di) L. Lajolo, *Gli uomini e la terra*, cit.

sapevole, contrastando i rischi di frodi.

La distribuzione ha un ruolo primario nella valorizzazione del vino italiano, non soltanto quella delle grandi catene, ma anche attraverso alberghi e ristoranti, wine-bar e enoteche, oltre che con la vendita via internet, superando l'intermediazione dell'importatore e del rappresentante commerciale. Il vino va, dunque, considerato un prodotto "glocale", perché da un lato è legato alla cultura e alla storia del territorio di produzione, e dall'altro deve puntare al mercato internazionale, facendo leva sull'innovazione qualitativa e sulle strategie di marketing.

2. La qualità del bello e la qualità del prodotto

Ultimamente la crisi di modelli economici e sociali impone di ricercare nuove strade in agricoltura e si comincia a notare la tendenza di giovani a orientarsi verso la coltivazione della terra. Auguriamoci che questo ritorno alla terra, anche sorretto dall'Unione europea, possa produrre un'economia più avanzata in un processo armonico di sviluppo, dove colture, ambiente e paesaggio trovino la necessaria concordanza per valorizzare forme di agricoltura sostenibile e conservativa.

Si sta diffondendo nell'opinione pubblica e negli agricoltori la consapevolezza che vanno rispettati i **limiti di sfruttamento della terra**, abbandonando definitivamente il concetto di un'industrializzazione inquinante e deteriorante e di una cementificazione forsennata. Il suolo va considerato come bene comune così come l'acqua e l'aria.

Considerati gli elementi dell'attuale **crisi struttu-**

rale, il consumismo non può più essere assunto come motore di sviluppo ed è semmai l'uso corretto del suolo e la conservazione del paesaggio a dover diventare i propulsori dell'uscita dalla crisi anche con la creazione di sbocchi occupazionali e formazione di nuove mansioni e professionalità.

Il dirigente della Regione Piemonte Gianfranco Corgiat individua quattro direzioni strategiche per il settore: 1) salvaguardare l'ambiente con positive ripercussioni in campo economico e sociale; 2) tutelare e gestire con accortezza le risorse per lo sviluppo; 3) garantire la partecipazione dei cittadini ai processi decisionali; 4) approntare gli strumenti di attuazione delle politiche di sviluppo sostenibile. Va, infatti, ricordato che è l'agricoltura a sfamare il mondo e che potrebbe essere in grado di ridurre le grandi differenze economiche tra i Paesi dell'Occidente e i Paesi in sofferenza[11]. Bisogna, dunque, dare nuovo valore al lavoro della terra e, di conseguenza, migliorare le condizioni di vita dei piccoli paesi. Il giovane agricoltore, come ricorda spesso Carlo Petrini, presidente onorario di Slow Food, deve avere tutte le comodità nella sua cascina, usufruire dei servizi come gli abitanti della città, ma, nel contempo, conservare i comportamenti di socialità della comunità rurale. Insieme al rifiuto di continuare a credere in un modello di sviluppo che ha condotto alla crisi, va, dunque, cambiata la mentalità predominante e nuovamente **l'agricoltura come il settore pri-**

---

11. Gianfranco Corgiat Loia *Risorsa non rinnovabile*, in (a cura di) L. Lajolo, *Gli uomini e la terra*, cit.

mario dell'economia. Siamo alla fine di un'epoca e di un ciclo di crescita ed è una bella scommessa quella di far ripartire il rinnovamento economico, sociale e culturale dall'agricoltura[12].

Queste affermazioni sono ormai contenute in molti documenti di enti nazionali e vertici internazionali, che hanno il compito di orientare a livello mondiale l'azione dei governi verso la sostenibilità.

L'attenzione alla tutela dell'ambiente e alla valorizzazione del paesaggio ha assunto un crescente rilievo politico e economico con le direttive per il Piano di sviluppo rurale dell'Unione europea, ma in Italia, rimangono ancora evidenti incertezze nel riconoscere il valore insostituibile del paesaggio rurale ai fini di qualificare i prodotti tipici e di eccellenza del territorio.

A questo proposito l'agronomo Mauro Agnoletti dell'Università di Firenze, sottolineando l'interrelazione tra la **qualità del prodotto agricolo e il territorio**, sostiene che difendere il paesaggio è vantaggioso non soltanto da un punto di vista estetico e della qualità della vita, ma soprattutto da un punto di vista economico come elemento fondamentale per il successo commerciale dei prodotti in campo internazionale.

Il paesaggio rurale è un patrimonio storico che racconta la storia del territorio, delle condizioni di vita delle popolazioni, dei riti, delle coltivazioni dalla piccola proprietà alla mezzadria, dal latifondo alle bonifiche. Rappresenta **l'identità**

---

12. Carlo Petrini *Decementificare i cervelli*, in (a cura di) L. Lajolo, *Gli uomini e la terra*, cit.

culturale del territorio, testimonia il millenario adattamento delle attività dell'uomo a caratteristiche ambientali, spesso assai difficoltose, ed è composto da una molteplicità di valori materiali ed immateriali di grande interesse.

Va detto, però, che parte del paesaggio storico italiano è scomparso, sovrastato dalla vegetazione boschiva, che è aumentata di quasi tre volte nell'ultimo secolo, occupando spazi prima dedicati al pascolo e all'agricoltura, e il mutamento dell'agricoltura e degli strumenti di coltivazione hanno avuto come conseguenza l'abbandono di territori difficoltosi da mantenere.

D'altro canto il paesaggio rurale è la concreta rappresentazione della struttura del territorio, ma non è un museo e, se deve rimanere produttivo, non può essere conservato inalterato nel tempo. E', quindi, importante che i decisori politici e economici e gli stessi agricoltori siano consapevoli della necessità della sua conservazione e Agnoletti propone l'esempio di ristrutturazione dei centri storici delle città. Con il processo di **riqualificazione** del paesaggio aumenterebbe di conseguenza anche il valore dei terreni così come è stato incrementato quello degli edifici storici cittadini.

I principali **custodi** del territorio non possono che essere gli agricoltori, che devono assumersi la responsabilità, oltre che del ruolo produttivo, anche di quello culturale, diventando così i primi artefici della valorizzazione del paesaggio. Ad esempio, se i coltivatori riprendono tecniche tradizionali di coltivazione producono effetti sia qualitativi della produzione che estetici di miglioramento del paesaggio.

Agnoletti giunge a sostenere che i caratteri qualitativi del paesaggio rurale vanno assunti come riferimento indiscutibile per definire le scelte di **programmazione** dello sviluppo agricolo. Infatti, la gestione del paesaggio non è soltanto un problema ambientale e naturalistico, ma, descrivendo i rapporti tra l'uomo e il suo ambiente, definisce le identità culturali e produttive di un territorio[13].

3. Il turismo rurale

E' ormai estesa la pratica di turismo rurale. I paesaggi agricoli permettono, infatti, ai visitatori di contemplare i tempi della natura, che vanno assaporati come si degusta il buon vino e la cucina tipica anche attraverso la passeggiata in campagna. Il termine **passeggiata** viene dal greco "**methodos**", cioè "percorso", e quindi la passeggiata va intesa come un metodo di conoscenza e di vita. Passeggiare consente di soffermarsi per provare emozioni, per guardarsi intorno, cogliere le piccole modificazioni della natura, migliorare la capacità di osservazione e godere del proprio senso estetico. La campagna va visitata con i cinque sensi per comprenderne il silenzio e i rumori, gli odori e i colori, il sole e la neve, ma anche la pioggia e la nebbia.

Vivere il territorio è anche stabilire il contatto con la gente che lo lavora e **fare esperienza del paesaggio** vuol dire capire quello che ogni giorno fan-

---

13. Mauro Agnoletti, *Il paesaggio agrario non è un museo*, in (a cura di) L. Lajolo, *Gli uomini e la terra*, cit.

no i contadini che immergono le mani nella terra.

La storia millenaria del paesaggio è una sintesi complessa e, a volte, inestricabile di elementi reali e di elementi immaginari. Per questo non basta una visita frettolosa, perché l'intima qualità del luogo viene percepita non solo attraverso la **geografia**, ma anche attraverso l'**immaginazione**, che ha bisogno di calarsi nella natura con tempi adeguati per rintracciare l'anima dei luoghi e la memoria di una cultura scomparsa.

Il paesaggio agrario è, dunque, un luogo particolarmente adatto alla pratica di un turismo "intelligente", che permette di fruire dell'ambiente naturale e di degustare i prodotti in rapporto diretto con l'agricoltore. Già nell'antichità il "villano" sapeva accogliere con ospitalità lo "straniero"; basta riprendere e raffinare l'antica tradizione per offrire al turista un'esperienza di vita originale e unica.

Nel contempo, bisogna provvedere anche a una rinaturalizzazione dell'ambiente che eviti l'omologazione. La difesa della specificità dei luoghi e della **biodiversità**, accanto alla loro vocazione produttiva, è, quindi, una condizione essenziale per incrementare il turismo sostenibile.

Le **feste** tradizionali, rifunzionalizzate secondo le esigenze della modernità, diventano occasioni di aggregazione e sono apprezzate dai visitatori, mentre i molti musei contadini disseminati sul territorio, se messi in relazione con il territorio coltivato, rimandano a una memoria significativa delle modalità di lavoro e di vita del passato. Spesso lo stesso edificio che ospita il museo contadino è parte di quella memoria e di quella suggestione di altri tempi.

Nell'ultimo periodo, grazie agli ambientalisti, si è diffusa una **coscienza ecologica**, che ha favorito un nuovo sviluppo del turismo verso le aree agricole di pregio e dei prodotti di eccellenza e la riscoperta dell'antica cultura contadina. Ora si aggiunge un'altra motivazione derivata dall'esigenza di contrazione di costi, di spendere le vacanze e il tempo libero in luoghi vicino alla residenza, facendo aumentare le presenze negli agriturismi, che offrono un soggiorno gradevole e cibo e bevande a filiera corta a prezzi accettabili.

L'opzione di turismo rurale può anche permettere al visitatore di ricostruire la sua antica identità, perduta con l'urbanesimo. Riproporre la vicinanza alla terra risulta psicologicamente utile a chi vive in città. Il paesaggio può essere un "testo" da leggere e interpretare in modo soggettivo, integrandolo nella propria esperienza individuale, come annota il sociologo Enrico Ercole[14]. Per compiere questa valorizzazione complessiva vanno offerte al turista varie opportunità di emozioni, di conoscenze, di contatti materiali e immateriali. I turisti consapevoli sono persone esigenti, cercano l'autenticità di un territorio con le sue specificità originali attraverso percorsi naturalistici e culturali accanto all'offerta enogastronomica e alle occasioni di intrattenimento. Tale percezione del paesaggio da parte di estranei influisce sulla

---

14. Enrico Ercole, *La valorizzazione del territorio attraverso il patrimonio iconografico*, in (a cura di) Marco Devecchi, *Il paesaggio dipinto*, Cassa di Risparmio di Asti, 2007

stessa consapevolezza dell'agricoltore riguardo all'importanza del paesaggio come **valore aggiunto** al prodotto.

La tutela, dunque, non è un vincolo, ma è un volano di valorizzazione del patrimonio economico dell'agricoltore, un modo concreto per evitare il degrado e l'abbandono della terra.

4. Il festival del paesaggio agrario

Il Festival del paesaggio agrario, che l'Associazione culturale Davide Lajolo organizza in estate con convegni, incontri e passeggiate in luoghi significativi del Monferrato, rinnova ogni anno le riflessioni sulla stratificazione secolare delle colture, sull'innovazione tecnologica in agricoltura, sul consumo del suolo agricolo, sulla pianificazione del paesaggio agrario e sull'architettura tipica delle zone rurali.

Il filo conduttore del Festival del paesaggio agrario è quello di interpretare l'economia dell'agricoltura collinare nello scenario nazionale e internazionale, partendo dalla configurazione paesaggistica e prospettando **il governo del territorio** come giusto equilibrio tra tradizione e innovazione. E' questa la condizione necessaria per valorizzare l'agricoltura amica dell'ambiente, riscoprendone il valore economico dopo anni di sottovalutazione. Come si è detto, è l'agricoltore l'artefice del paesaggio agrario ma, quando viene a mancare l'incentivo economico, viene a mancare anche la tutela e la salvaguardia del territorio. La speranza è che la "nuova" agricoltura, prevista dai programmi europei, riesca a coniugare il reddito delle coltivazioni con il rispetto dell'ambiente.

Il Festival è anche l'occasione di riflettere sull'esistente per proporre prospettive per il futuro e si avvale di strumenti e approcci culturali diversificati con la partecipazione di economisti, agronomi, amministratori, agricoltori, imprenditori, ma anche di poeti, musicisti, attori, coinvolgendo gli abitanti e un largo pubblico nella riscoperta della campagna.

5. I mali del territorio

Lo sviluppo economico che conosciamo, anche quando viene definito sostenibile, non ha finora favorito l'agricoltura e non ne ha riconosciuto la centralità. Anzi l'economia agricola è stata marginalizzata e oggi soltanto il **4%** della popolazione attiva è dedita al lavoro agricolo e di questa la maggioranza è anziana.

L'agricoltura è, dunque, profondamente invecchiata in Langa e Monferrato e attraversa una grave crisi. In alcune aree una grande quantità di terreni può essere acquistata a prezzi bassi e sta scomparendo l'identità delle comunità rurali.

Quindi il tipo di sviluppo liberista, che doveva farci vivere ricchi e felici, ha impoverito il comparto agricolo e, con la **cementificazione** indiscriminata, ha sottratto suolo fertile alle coltivazioni. La cementificazione è, infatti, un grande fenomeno di speculazione ai danni della produzione agricola, come sottolineano Gianfranco Corgiat e Giorgio Ferrero[15]. Negli ultimi decenni sono stati applicati modelli di urbanizzazione e costruzioni a fini industriali an-

15. G. Corgiat, cit.; G. Ferrero, *Il valore economico del suolo agricolo,* in (a cura di) . Lajolo, *Gli uomini e la terra,* cit.

che nelle zone rurali con un impiego sempre più esteso del suolo per l'edificazione. Il rapporto tra suolo e abitante oggi è raddoppiato ed è aumentato di molto al di sopra dei reali bisogni. Così si è accelerata a dismisura l'erosione del terreno sottratto alle attività agricole.

Quella trasformazione funzionale ha comportato in alcune aree un'estesa impermeabilizzazione del suolo con danni irreversibili all'armonia dell'ambiente e alla bellezza del paesaggio. Si è persa la fertilità, perché il consumo del suolo è di per sé irreversibile. Si è fatta violenza al territorio piuttosto che collaborare con la natura, come avveniva con i metodi tradizionali di coltivazione.

Il **consumo del suolo** è, dunque, diventato l'elemento più rappresentativo delle trasformazioni territoriali anche in Langa e Monferrato, come hanno documentato nei loro studi Elio Morino e Marco Cavagnoli, ricercatori del C.S.I.[16]. I dati sul consumo del suolo in Piemonte nelle zone di tradizionale vocazione agricola sono particolarmente preoccupanti: nel 1991 il valore percentuale pari al 5,5% di territorio occupato da nuovi insediamenti era di poco sopra la media nazionale, ma tra il 1991 e il 1998, oltre alle zone di maggiore sviluppo concentrate nelle pianure pedemontane e nella seconda cintura torinese, si riscontra un incremento anche nelle zone collinari di Monferrato e Langhe.

Nel periodo compreso tra il 1991 ed il 2005, il

---

16. E. Morino, M. Cavagnoli, *Misurare per conoscere,* in (a cura di) L. Lajolo, *Gli uomini e la terra,* cit.

consumo di suolo aumenta di oltre 20.000 ettari e di questi la quota più consistente, circa 14.600 ettari, riguarda terreni fertili, riducendo drasticamente i terreni disponibili per le coltivazioni a favore delle residenze urbane e dei servizi, della viabilità, delle attività produttive e della logistica. Tra il 1999 e il 2001, infatti, **l'espansione dell'urbanizzato** nelle province di Novara e Alessandria risulta tra i più elevati a livello regionale, soprattutto perché le due province assumono, nel contesto comunitario e nazionale, il ruolo di nodi strategici per importanti assi di comunicazione. Il novarese risulta infatti coinvolto nella realizzazione del corridoio V (asse Lisbona-Kiev) e dell'Alta Velocità Torino-Milano; il territorio alessandrino si trova lungo l'asse ferroviario Rotterdam – Genova con il progetto comunitario chiamato "Ponte dei due mari". Nelle province di Cuneo, Asti e Verbania il consumo del suolo è concentrato lungo i rispettivi sistemi collinari di Roero, Monferrato e Cusio-Verbano, mentre nella provincia di Vercelli appare per lo più concentrato nelle aree di pianura.

A partire dal 2009 si è evidenziata una nuova ulteriore criticità con la realizzazione di impianti fotovoltaici a terra su suoli agricoli, che consumano una superficie crescente anche con strutture di piccole e medie dimensioni. Pur se tali impianti a terra non comportano l'impermeabilizzazione e un consumo irreversibile del suolo, sottraggono, però, per venti, trent'anni terreni fertili all'uso agricolo. Non si hanno informazioni certe riguardo ai criteri di smaltimento, ma è immediato il danno dell'impatto visivo e fruitivo sul paesaggio. E', quindi, urgente ripristinare regole e provvedimenti che garantiscano un rapporto equilibrato tra le risorse di suolo e quelle di natura, di paesaggio, di patrimonio culturale.

L'urbanista Roberto Gambino[17] afferma che gli speculatori ci hanno illuso di offrire un miglioramento quantitativo della nostra vita, ma i vantaggi sono soltanto transitori mentre provocano **danni irrimediabili** al contesto naturale e all'agricoltura. Si è perseguito il profitto privato a scapito del bene comune. Le città si sono slabbrate nelle periferie, nei fondi valli le case si sono estese lungo le strade provinciali fino a cancellare i confini tra i paesi.

Anche l'agricoltura intensiva con l'abuso di prodotti chimici ha causato il degrado del territorio, sfruttandolo malamente e anche depauperando la biodiversità. La coltivazione e l'allevamento intensivi, l'uso indiscriminato dei fertilizzanti e degli anticrittogamici comportano, infatti, un pesante sacrificio del terreno fertile.

Inoltre, per i Comuni cementificare costa, in realtà, di più dei proventi dagli oneri di urbanizzazione, poiché il terreno diventa fragile e le opere di contenimento dei danni per frane e smottamenti comportano pesanti esborsi di denaro pubblico.

Quindi, se si vuole ipotizzare idee per il futuro l'esigenza prioritaria è di porre un freno al consumo del suolo, visto che la cementificazione non solo sottrae terra fertile, ma rappresenta un irrecu-

---

17. Roberto Gambino, *Sindrome complessa e articolata*, in (a cura di) L. Lajolo, *Gli uomini e la terra*, cit

perabile danno idrogeologico. Per questo sarebbe opportuno stabilire incentivi ai Comuni affinché gestiscano correttamente il territorio e, nel contempo, vi siano nuove regole di buone pratiche per le strutture agricole.

6. *Nostalgia*

I vecchi contadini langaroli somigliano ai contadini di tutto il mondo, dalle Langhe all'Australia, dalla California all'Africa e all'Asia: hanno una concezione del mondo analoga, hanno modi simili di guardare, di intendersi, di partecipare alla terra con la loro fatica. Questa constatazione comprende anche i **"nuovi" contadini**, che provengono da altri paesi per lavorare nelle vigne monferrine e langarole. Senza i romeni, i macedoni e i marocchini in Langa e in Monferrato non si produrrebbe più vino.

Il vino d'eccellenza è diventata un'attività industriale con una forte esportazione, che ha migliorato il reddito agricolo e la qualità della vita degli agricoltori. Ma anche il "nuovo" ha bisogno di memorie, tradizioni e letteratura per continuare ad evocare storie ed emozioni ed essere valore aggiunto al prodotto d'eccellenza.

Molti scrittori e letterati, affezionati al territorio e alla sua storia, provano rimpianto del passato come Gian Luigi Beccaria, che scrive: "Mi piacerebbe poter rivedere le colline delle Langhe con gli occhi di Fenoglio: Langhe che non esistono più. Langhe fantastiche, trasfigurate, Langhe d'estate, con il sole che scivola da una parte e la notte che si alza dall'altra, con il buio che s'incorpora con la terra punteggiata di "chiari", e cade come un coperchio su quel mondo ondulato; e Langhe d'inverno, con la neve nelle vigne che hanno i pali imperfetti ancora di castagno. La Langa pettinata e efficiente, la Langa ricca e affaccendata, con i nuovi benestanti che si destano senza campane e senza galli, mi piace di meno. (…) Squarci di paesaggio adesso sono sconciati volgarmente, già definitivamente dalle opere di uomini troppo ricchi, arroganti e poco colti, e l'antico ordine fisico filtrato lentamente in noi annega in una palude mentale"[18]. La modernizzazione non ha solo come conseguenza brutte costruzioni invasive, ma anche l'avanzare del gerbido, così come nota uno scrittore estraneo alla Langhe e amante dei boschi come Mario Rigoni Stern, che descrive il degrado del bosco non accudito, durante una passeggiata nella Langa montana con l'amico Nuto Revelli: "Che bosco è questo? Non di folletti e di fate, ma di masche. Non l'ho penetrato, non lo conosco dentro. Mi respinge. Forse l'avrei conosciuto e amato se fossi stato partigiano con Johnny. Non è il mio bosco. Eppure diverrà. Si fortificherà, invaderà i terreni abbandonati. Avanza dove non si sfalcia, dove non si rompono le zolle. Bosco forte, tenace, duro più degli uomini che dovrebbero fronteggiarlo. E quando vorranno fermarlo, tagliarlo, rubargli spazio, si accorgeranno, sapranno della fatica di chi per mille anni ha piantato vignali su per i dossi delle Langhe"[19].

---

18. G.L. Beccaria, *I silenzi dalle Langhe fantastiche e i disturbanti rumori di fondo,* in (a cura di) U. Roello, *I silenzi delle Langhe alla Sicilia e alla Sardegna,* Catanzaro, Rubettino, 2009

Nuto Revelli ha considerato con preoccupazione il processo di industrializzazione e urbanizzazione degli anni Cinquanta, che ha portato all'abbandono della montagna cuneese e di alcune zone collinari con una crescita disuguale del territorio, che ha fatto morire quella civiltà contadina millenaria, di cui lui ha raccolto l'ultima testimonianza: "E' viaggiando in lungo e in largo, è toccando la pianura, la montagna, le Langhe, che si riesce a disegnare il mosaico scombinato delle nostre realtà sociali varie e contrastanti. A dieci chilometri da Cuneo, a dieci chilometri dalla Michelin, moderna e sofisticata, incontro già l'India, sulle colline di Roccasparvera. A trenta chilometri da Cuneo l'India è a Castelmagno, a Desertetto. L'autostrada Torino-Savona attraversa la pianura ricca del Cuneese. E' dopo Mondovì che il paesaggio cambia. I viadotti ormai sorvolano una collina povera, aspra, poi la "porta" dell'autostrada, che si apre sull'Alta Langa, il "casello meccanizzato", le sbarre comandate dalle cellule fotoelettriche tanto traffico in entrata e in uscita è irrilevante. E appare Montezemolo, un mondo fermo nel tempo, dove le case sono ancora di pietra e di fango, dove i buoi trascinano l'aratro, il mondo di cento anni fa"[20].

Negli ultimi trent'anni la Langa delle vigne si è arricchita, grandi imprenditori agricoli hanno accorpato le piccole proprietà, ma non ci può essere rimpianto per aver perduto la vita di miseria. Semmai, il rimpianto è per lo sfruttamento inten-

19. M. Rigoni Stern, *Memorie della Langa*, in (a cura di) U. Roello, *Boschi e foreste, Torino, Gruppo Abele, 1994*
20. N. Revelli, *Il mondo dei vinti*, Torino, Einaudi, 1974

sivo della terra, che sembra ribellarsi, frana, smotta, diventa arida, anche se è ancora in grado di rivitalizzare il suo ciclo naturale. La terra, anche quando viene distrutta, rinasce uguale e diversa.

Parte terza

IL PAESAGGIO NARRATO

1. Paesaggio/paese/identità

Se cerchiamo l'etimologia di **paesaggio** approdiamo alla parola **paese**, un accostamento interessante perché significa che il paesaggio è parte integrante della **comunità** che lo abita. E' cioè un bene collettivo, che va tutelato nelle sue connotazioni identitarie e nelle sue trasformazioni.

Il villaggio rurale è un racconto collettivo di storie antiche, tramandate per via orale e sedimentate nella memoria e il paesaggio agrario testimonia la lunga storia della terra, del modo di lavorare e di produrre, di faticare e di festeggiare, di mangiare e di bere, di nascere e di morire dei contadini.

Il paesaggio ben coltivato delle colline del vino offre visioni di bellezza e di armonia, che l'intera comunità plasma stagione dopo stagione in modo dinamico e può essere paragonato a un'opera d'arte collettiva tratteggiata nei secoli. I contadini non si sono resi conto della loro opera d'arte costruita col tempo, perché hanno prioritariamente vissuto l'ambiente rurale come patrimonio economico e sociale. Sono intervenuti in attesa del raccolto con un'opera continuativa e paziente, attenta e sapiente nell'uso della tradizione e delle tecniche. Il rapporto del coltivatore con la sua proprietà è un legame indissolubile, empatico, perché è l'orizzonte complessivo della sua vita oltre che del suo lavoro.

Nel dialetto monferrino e langarolo la natura e l'ambiente sono chiamati **campagna** con un doppio significato: come il luogo di lavoro e come annata, prodotto e quindi reddito. In un solo termine c'è l'identificazione molto significativa di lavoro e di raccolto in relazione a quella piccola proprietà, che ha caratterizzato l'assetto territoriale collinare. La campagna, che dà il senso di proprietà, ha sempre rappresentato fisicamente la dignità e l'onore della famiglia e ha sorretto la struttura sociale di un paese.

Per spiegare meglio quel legame di terra, di lavoro e di vita, possiamo riferirci all'affermazione del filosofo Martin Heidegger: il paesaggio, che l'uomo trasforma per renderlo idoneo alla sua vita e produttivo per la sua sopravvivenza, forgia anche il suo carattere[21].

2. La cultura/coltura della terra

Il teologo Enzo Bianchi parla di **patto biblico** tra il contadino e la vigna: "La vigna, a differenza dei cereali e anche di molte piante da frutto, non è una coltivazione immediatamente produttiva: piantare una vigna è come fare un matrimonio con la terra, è gesto di grande speranza, che non a caso la Bibbia pone come il primo gesto compiuto da Noè dopo il diluvio. Significa stipulare un'alleanza con un pezzo di terra, affermare che lì, in quel posto preciso, si vuole dimorare, che ci si prende il tempo di attendere lì e non altrove i frutti del

---

21. M. Heidegger, *Costruire, abitare, pensare,* in (a cura di) G. Vattimo *Saggi e discorsi,* Milano Mursia, 1976

proprio lavoro: coltura e cultura "radicalmente" diversa da quella nomadica è quella della vigna, una sorta di patto nuziale tra l'uomo e la natura senza il quale non può nascere la "civiltà""[22].

Coltivare la vigna ha una sua specificità, vuol dire non fare una semina autunnale e attendere il raccolto, ma significa accudire le viti appena impiantate per tre anni prima che producano l'uva e lavorare quella vigna per trenta, quaranta, cinquant'anni, cioè per tutta la lunghezza dell'esistenza del proprietario fino a lasciarla ai figli. Quindi la vigna è parte della vita del contadino, è il calendario della sua famiglia, è il suo destino sottoposto alla mutevolezza dei fenomeni atmosferici. Basta una grandinata o una stagione di siccità perché il lavoro di tutto l'anno sia vanificato, ma la vigna rimane e c'è la speranza del raccolto dell'anno successivo. In un certo senso si può dire che la vigna è madre, amante, sposa, figlia del contadino, è il suo mondo tutto intero.

Impiantare la vigna è come fondare una città, è mettere fondamenta e radici nella proprietà, poi l'andamento delle stagioni con il sole, la pioggia, la nebbia e la neve segna il tempo del lavoro e quello della festa.

La **cura della vigna** è un lavoro lungo che occupa tutto l'anno dall'aratura alla vinificazione, un lavoro duro che ha bisogno della delicata manualità della donna e della forza fisica dell'uomo, un processo produttivo complesso che richiede molta sapienza e, ora, nuove capacità tecnologiche. Ci

---

22. E. Bianchi, *Il pane di ieri*, Torino, Einaudi, 2008

47

vogliono molta pazienza e molto rispetto della terra, ma raramente, ancora oggi, la remunerazione di tanto lavoro è adeguata.

Nella tradizione l'annata cominciava con San Martino, all'inizio di novembre, quando si rinnovavano i patti tra il proprietario, i mezzadri e i lavoranti. Prima delle nevicate il contadino arava tra i filari per seminare grano, travasava il mosto nelle botti, tagliava i canneti per preparare le canne a sostegno dei vitigni o per fare ceste e cestoni per l'uva e procurava nei boschi i pali di castagno e di gaggia per intestare i filari. Si preoccupava di pulire i fossi e iniziava a mano gli scassi profondi almeno un metro per impiantare le nuove viti.

A dicembre sfrondava i salici e con i rami legava le fascine, i covoni di grano e costruiva anche le piccole gabbie (grumet) per i pulcini. Tra autunno e inverno, nel periodo del riposo della terra, aveva tempo di cercare tartufi nei boschi, facendosi aiutare dal fiuto del cane e tenendo il segreto sugli alberi che li producevano. E ancora oggi il trifolau fa la cerca di notte, e mantiene i segreti dei posti. Nei giorni di neve la famiglia contadina faceva piccole manutenzioni di casa e viveva grande parte della giornata nella stalla per godere il caldo delle bestie e risparmiare sul riscaldamento.

Alla luna di febbraio ricominciava il lavoro nella vigna con la potatura, un lavoro di precisione per mantenere soltanto il tralcio più forte ("majé" che vuol dire maggiore e il più bello). L'uomo era accompagnato dalla donna che raccoglieva i sarmenti e preparava le fascine che erano usate a casa per accendere il fuoco. Nulla era buttato via.

Con la primavera il lavoro si intensificava. Si imbottigliava il vino dopo il primo quarto della luna di marzo per essere sicuri di mantenerne la vivacità anche in bottiglia. Quindi si procedeva a impalare la testata dei filari e a sostituire le canne danneggiate, operazione ora superata dai pali in cemento e dai fili di acciaio a sostegno dei vitigni, e quindi fare la delicata operazione di legare i tralci ancora molto teneri senza spezzarli. Questa era la mansione delle donne, che usavano i rametti di salice, oggi sostituiti da filamenti plastificati. Ancora oggi i tralci vengono piegati ad arco a fare spalliera così che i futuri grappoli abbiano una buona insolazione e la vigna prende l'aspetto di un giardino ordinato.

I germogli della vite, al sole e al vento primaverili, iniziano a fiorire e, quando i fiori lasciano spazio ai piccoli grappoli verdi, è nuovamente necessario raddrizzare e legare i tralci ormai carichi dei frutti, operazione che si fa ancora a mano. Tra aprile e maggio i germogli venivano ripuliti dalle donne, mentre gli uomini cominciavano ad irrorare le vigne con il verderame per evitare la malattia della peronospera e a con lo zolfo contro lo oidio. Sono pratiche periodiche che si fanno anche oggi e continuano tutto l'estate, ma a questi prodotti tradizionali vengono aggiunti prodotti chimici.

Con l'estate il lavoro decresceva nella vigna e i contadini avevano tempo per fare festa in onore del santo patrono con pranzi e balli, mentre l'uva, dal giorno di S. Lorenzo, cominciava a tingersi del blu del frutto maturo. La vendemmia, che iniziava dopo la luna piena di settembre, era il periodo più intenso: l'uva matura andava portata presto in cantina per evitare il danno delle piogge autunnali.

Ancora oggi si seguono le procedure di una volta, ma con l'aiuto di macchine che alleggeriscono il lavoro manuale, e il raccolto è molto anticipato rispetto al calendario di una volta per i cambiamenti climatici.

Per la vinificazione si faceva un'accurata preparazione della cantina di casa (oggi tutta tecnologica nelle aziende e nelle cantine cooperative). Le botti di legno venivano lavate a mano con acqua e soda e poi, per levare odori sgradevoli, bagnate con decotti di erbe selvatiche. Si preparavano i cestoni per raccogliere l'uva e si pulivano anche le bigonce di legno, oggi sostituite dai contenitori di plastica sui trattori, per trasportare il raccolto con i buoi dalla vigna alla cantina. Scaricata l'uva nei tini, si procedeva alla pigiatura con i piedi, che era la prova di forza dei più giovani. Il vino scendeva nel mastello e da qui con le brente, recipienti di legno allungate portati sulla schiena, veniva versato nelle botti. Le operazioni oggi sono, ovviamente, tutte meccanizzate ad alta tecnologia.

Dopo la pigiatura la tradizione voleva che il padrone offrisse una cena a base di bollito (alimento che, una volta, compariva di rado sulla tavola del contadino). A fermentazione conclusa, c'era ancora l'incombenza di tirare il vino e, con il mosto residuo, le donne, aggiungendo mele cotogne, pere e noci, preparavano la mostarda, usata come condimento della polenta.

Quindi coltivare la vigna comportava, e comporta

tuttora, un rituale culturale ben preciso, insieme alle buone pratiche di lavoro.

Se ci riferiamo all'etimologia dei termini "**cultura**" e "**coltura**" vediamo che hanno la radice comune nel verbo latino "colere", coltivare, **fare crescere**. La coltura/cultura comprende, dunque, elementi materiali e simbolici.

Non parlo in questo caso della cultura accademica e neanche della sottocultura popolare, parlo di una concezione del mondo, che include la percezione delle stagioni, l'interpretazione delle trasformazioni, la rappresentazione delle radici affondate nella terra e delle fronde degli alberi protese verso il cielo, l'influenza del sole e della luna, la maledizione della siccità e della grandine. In sostanza è la considerazione della vita e della morte nel ciclo della terra, che si riposa e sempre rinasce fertile.

La cultura della terra deve certamente tenere conto dei cambiamenti sociali ed economici, ma è estremamente dannoso seppellirla in nome della modernità e della postmodernità, perché la cultura che deriva dal "coltivare" è quella che ci permette di continuare a vivere nella natura, di comprendere i segnali della terra, di adeguarci alle richieste dell'ambiente e nel contempo di renderlo più amichevole nei nostri confronti. Per questo deturpare il paesaggio significa sostanzialmente ferire i nostri sentimenti profondi e compromettere il nostro senso dell'esistenza.

E' la vigna a fornire l'identità agli abitanti di Langhe e Monferrato, ne definisce le radici originarie e la percezione della natura, plasma la visione del mondo dei suoi abitanti. E' **il luogo dell'ani-**

ma, secondo la definizione di James Hillman[23], elemento dell'immaginario apprezzato anche dal visitatore occasionale, che cerca un ambiente gradevole e accogliente, rasserenante che lo allontani dagli effetti dannosi dello stress quotidiano della modernizzazione.

3. *Le radici arcaiche*

Nel paesaggio rurale vi sono, dunque, le radici mitiche della nostra cultura materiale e immateriale, è ancora presente la **sacralità della terra** con la sopravvivenza di miti, leggende, religiosità popolare, una visione antica del mondo, che, nonostante i radicali cambiamenti intervenuti, può ancora rappresentare il patrimonio culturale originario. Nell'antichità l'uomo era considerato il demiurgo, l'artefice della natura e il filosofo Massimo Venturi Ferriolo prefigura una connessione etica tra paesaggio e comunità nel legame tra l'uomo, la natura e il sacro. Attraverso la narrazione orale e letteraria gli uomini antichi descrivevano l'ambiente e lo comprendevano, interpretavano gli eventi costruendo il tessuto della storia e producendo l'immaginario dei luoghi[24].

A sua volta lo psicologo Duccio Demetrio propone il ritorno alla terra come salvezza della dignità dell'uomo. La terra è il luogo interiore, che provoca un profondo stupore e un sentimento religioso, è un richiamo ancestrale, un'affezione originaria,

23. *Dialogo tra James Hillman e Carlo Truppi* in James Hillman *L'anima dei luoghi,* Milano, Rizzoli, 2004
24. M. Venturi Ferriolo, *Percepire il paesaggio,* Torino, Bollati Boringhieri, 2009

anche inconscia, che riconosce il bisogno viscerale di natura. Il vero interprete di questi sentimenti è il contadino, capace di una visione della vita, quindi può essere definito filosofo.

Ma l'amore per la terra è un amore difficile e complesso, che va educato. La crisi ecologica mondiale è sia fisica che spirituale ed è quindi necessario un nuovo livello di coscienza. La terra ha bisogno di narrazioni emotivamente partecipate e l'ecologia dovrebbe diventare una poesia vivente e incarnata. Demetrio dà una significanza laica alla religiosità della terra in quanto vocazione umana anteriore a qualsiasi religione storica, testimonianza dell'esperienza cosmica in cui si alimenta l'atteggiamento di cura e di affetto verso le cose del mondo. Ricorda che il termine "homo" deriva da "humus", cioè è un prodotto dalla terra, e che "adam" (Adamo) ha il significato di nato da "adamah", cioè dalla terra feconda[25].

Il legame originario tra l'uomo e la terra, anche quando è dimenticato, è, dunque, indissolubile, perché, come spiega il filosofo delle religioni Mircea Eliade, la terra è una metafora della vita e nel mondo arcaico il sacro si manifesta attraverso il rito, il mito e il simbolo nell'eterno ritorno del ciclo cosmico dalla creazione e della rigenerazione totale[26]. Ritornare all'origine significa accudire Madre Terra, che ora, dopo essere stata maltrattata e dimenticata, ha bisogno delle cure degli uomini:

---

25. D. Demetrio, *La religiosità della terra. Una fede civile per la cura del mondo*, Milano, Raffaello Cortina, 2013
26. M. Eliade, *Il mito dell'eterno ritorno*, Roma, Borla, 1966

soltanto stando con i piedi ben poggiati sulla terra si può rivolgere gli occhi verso il cielo.

4. Scrittori e memoria dei luoghi

Le parole dei vecchi contadini sono essenziali e giuste, precise nel definire i particolari della natura, della campagna, del lavoro, della vita. Sono le parole originarie della terra, da cui sono nate le storie degli uomini, degli dei, dei miti, delle filosofie, delle scienze, della poesia.

Il paesaggio rurale ha conservato memoria di quelle storie, dalle più antiche alle più recenti. La memoria risponde a un bisogno esistenziale e narrativo dell'uomo, ma oggi la narrazione, intesa come interazione tra chi racconta e chi ascolta, è pressoché scomparsa. Non si sviluppa più la conversazione come trasmissione di memorie e di saperi, come scambio di notizie e di conoscenze e il discorso collettivo sembra esaurito. Tutto avviene attraverso una trasmissione di messaggi dall'alto verso il basso, da chi è visibile e potente verso il singolo fruitore anonimo.

Anche la comunicazione virtuale in senso orizzontale non fa incontrare fisicamente le persone, le quali, private di un confronto concreto e di relazioni materiali e simboliche con altri, possono perdere il senso di appartenenza a una comunità piccola o grande che sia. Oggi la dimensione esistenziale è solitaria e isolata, pur se in continuo contatto con un mondo globale.

Eppure, senza il giacimento delle memorie contadine tramandate da una generazione all'altra dalle parole, dai riti, dalle azioni collettive di lavoro e di festa, non ci sarebbe una parte importantissima della letteratura italiana contemporanea.

Infatti, il paesaggio monferrino e langarolo è stato molto narrato da importanti scrittori del Novecento, che hanno disvelato il magico e il fantastico delle colline e dei boschi. Hanno descritto la geografia interiore di quel mondo trasfigurandolo con l'immaginazione. Le loro pagine traggono linfa proprio dalla memoria contadina e dalla narrazione orale. Basta pensare alle Langhe di Pavese e di Fenoglio e al Monferrato di Lajolo.

Cesare Pavese si identifica con il paese natale: "Io l'avevo nella memoria tutto quanto, ero io stesso il mio paese: bastava che chiudessi gli occhi e mi raccogliessi, non più per dire "Conosci quei quattro tetti?" ma per sentire che il mio sangue, le mie ossa, il mio respiro, tutto era fatto di quella sostanza e oltre me e quella terra non esisteva nulla"[27].

Davide Lajolo riconosce le radici contadine come la sua essenza di uomo: "Vinchio è stato il mio nido. Le radici mio padre e mia madre devono avermele piantate ben profonde in questa terra collinosa se non è passato giorno nel corso della mia vita in cui la mente non sia ritornata al pesco sul bricco di S. Michele, ai prati delle Settefiglie, ai boschi della Sermassa, ai filari conchigliosi di Montedelmare. (…) Radici profonde, ancestrali, maliarde, persino morbose. (…) Come se potessi respirare libero solo tra quella polvere, in quell'aria di piante amiche, nella linea diritta seguendo i filari delle vigne, esattamente come

---

27. C. Pavese, *La Langa*, in *Racconti*, Torino, Einaudi, 1960

soltanto in questi posti potessi spaziare con la fantasia da un colle all'altro, e alzarmi in volo"[28].

Beppe Fenoglio non può vivere senza Alba e le Langhe, da cui trae la sua ispirazione letteraria. Qui hanno vissuto i suoi antenati, qui Beppe ascolta le storie che trasferisce nella sua scrittura. I suoi personaggi, da *La malora* a *Un giorno di fuoco* a *Il partigiano Johnny*, sono gli uomini e le donne di Langa, inseriti indissolubilmente nel paesaggio collinare coperto di neve, immerso nella nebbia, battuto dal vento, soffocato dal sole agostano. I protagonisti assorbono i caratteri forti e aspri della terra in un pathos narrativo di grande effetto. E, ancora oggi, percorrendo i sentieri dell'alta Langa, nella solitudine e nel silenzio del paesaggio boscoso, se ne possono ritrovare le tracce.

Per Fenoglio le colline sono agitate da una femminina ventilazione, con la forma della gigantesca, mammatica collina di Mango, e hanno l'aspetto multiforme di boschi, prati aperti e sfuggenti, pendii ripidi, massi isolati, casali severi nei colori della pietra. Diventano femmine seduttive al dissolversi delle brume mattutine: "I vapori del mattino si alzavano adagio e le colline apparivano come se si togliesse loro un vestito da sotto in su. La strada davanti era deserta ed immota, salvo per i voli e gli atterraggi dei passeri e l'aria, la vicina e la lontanissima, era un pozzo di dorata trasparenza. Il paesaggio era così nitido che potevi cogliere il minimo movimento, e lo scopo del contadino

28. D. Lajolo, *Il mio nido*, in *Il merlo di campagna il merlo di città*, Milano, Rizzoli, 1983

al margine dell'aja più alta e distante, e la torre sull'ultima collina potevi sognare di toccarle il ventre col dito appena intriso"[29].

Davide Lajolo considera unico il sole sulla sua campagna: "Il sole, quando illumina il verde della campagna, è diverso da quello che splende sul mare. Diverso nei riflessi: tra luci e ombre dipinge ogni cosa con la metafisica incantata di Morandi. Una lucertola si stende, ferma, quasi voglia ascoltare compunta il dialogo tra il cardellino e il merlo, infittito tra le foglie dei pioppi come richiamo misterioso nel linguaggio e nel ritmo"[30].

Percorrendo quel paesaggio narrato, che suscita sensazioni ed emozioni, anche il visitatore può abitarlo e coglierne le particolarità con la sua sensibilità corporea. Nelle modalità della vita cittadina non si ha tempo e spazio per "vivere" i luoghi, che sono esclusivamente funzionali a svolgere compiti e azioni. Il traffico e l'inquinamento che rendono torbido il cielo, i condomini e i comparti urbanistici che impediscono di vedere l'orizzonte, escludono il contesto naturale e la sua conoscenza sensoriale.

5. Un paesaggio mitico

Il paesaggio degli scrittori di Langa e Monferrato è un paesaggio millenario. E' Cesare Pavese il primo a "inventare" le vigne delle Langhe come luogo letterario e mitico: "Una vigna che sale sul dorso d'un colle fino a incidersi nel cielo, è una

---

29. B. Fenoglio, *Il partigiano Johnny*, Torino, Einaudi, 1968
30. D. Lajolo, *I baffi di Giospin*, in *Il merlo di campagna e il merlo di città*, cit.

vista familiare, eppure le cortine dei filari sempli-
ci e profonde appaiono una porta magica. Sotto le
viti è terra rossa dissodata, le foglie nascondono
tesori, al di là delle foglie sta il cielo. E' un cielo
sempre tenero e maturo, dove non mancano – te-
soro e vigna anch'esse – le nubi sode di settembre.
Tutto ciò è familiare e remoto – infantile, a dirla
breve, ma scuote ogni volta quasi fosse un mondo.
La visione s'accompagna al sospetto che queste
non siano se non le quinte di una scena favolosa in
attesa di un evento che né il ricordo né la fantasia
conoscono. La vigna è il luogo dell'infanzia che
l'uomo si porta dentro nel corso della vita, è la sua
sostanza umana: L'uomo sa queste cose contem-
plando la vigna. E tutto l'accumulo, la lenta ricchezza di ricordi d'ogni sorta, non è nulla di fron-
te alla certezza di quest'estasi immemoriale"[31].
Già Plinio aveva definito la vigna un'arte quale
simbolo del lavoro e della nobiltà del coltivato, e
aveva scritto del culto del contadino, che disso-
dava, preparava il terreno, coltivava e custodiva
la vigna secondo le ritualità magiche della terra.
Beppe Fenoglio, nei suoi racconti, ripercorre il
senso arcano della terra. La sua Langa è fisicità,
sensualità, carnalità, la possiede dentro la pelle,
dentro la testa. La Langa è tutto il suo mondo, è
l'anima mundi in un intreccio inseparabile con la
materia e la vita.
Nella geografia letteraria di Fenoglio si trova
anche il fiume, il Tanaro: "Sull'acqua correvano
brividi di felicità, il cielo era d'un turchino granu-

---

31. C. Pavese, *La vigna* in *Racconti,* cit.

loso, fregiato di un'unica nube, affusolata e forte come l'ala d'un arcangelo, i milioni di pietre del greto antistante l'isola barbugliavano come un selciato di diamanti. Nelle giornate calde, sotto un sole guasto, a torso nudo Beppe si muove sulla sponda erbosa, quasi a cercare il suo posto" nel fiume, esplorandolo e misurandolo. E' il suo regno: "Là il fiume era angusto e profondissimo, lento come una colata di piombo, ed al gusto ed alla vitalità della guardia, concorreva il mistero immanente nelle fittissime pioppete sulla vicinissima altra sponda, con la loro sonora, ininterpretabile, nemmeno per un istante obliabile vita"[32].

Le colline circondano la pianura del fiume e dalle loro creste si può gettare lo sguardo oltre e scoprire un altro paesaggio, dove la nebbia è presenza femminile misteriosa ed avvolgente, "un oceano di latte frappato", che restringe i confini del mondo.

Il bosco nasconde "il fluire di vita bruente", di vibrazioni e di silenzi, di giochi stregati di luci ed ombre. E' uno scenario misterioso ed avvolgente: "Dopo le raffiche del mattino, il bosco aveva per lui un nuovo haunting, come di vera officina della natura, nel vibratile silenzio, e con occhio attento e passo leggero scansava i punti anormalmente sollevati, quasi enfiati, con sopra l'erba alta e bianchi i fiori come incredibili e sgomenti di quel loro spropositato rigoglio del bosco. Johnny ci entrò il primo, avendo sotto i piedi una sensazione di piano asfodelico"[33].

---

32. B. Fenoglio, *Il partigiano Johnny*, cit.
33. B. Fenoglio, *Il partigiano Johnny*, cit.

I boschi sono popolati da masche, streghe buone e cattive. Per i contadini, come fa dire Lajolo al suo personaggio Punti, sono le anime dei morti che tornano a parlare con i vivi. "Arrivati alla cima più alta dei boschi, le masche mi concedevano la loro amicizia ed aprivano il discorso con me. Avevano la voce come quella che esce dalle membrane delle piante quando passa il vento. Una voce mai acuta, mai stentorea, non più così rauca ma opaca e si posava anche sulle foglie come se tutte le foglie ripetessero le parole insieme, come un coro che faceva lo stesso unisono del murmure dei grilli a settembre quando cantano per fare maturare l'uva, solo che era un coro più attutito e il suono era come il loro colore, quel bianco senza colori"[34].

Durante la guerra partigiana sono i boschi a diventare il rifugio protettivo di Johnny-Fenoglio e dei suoi compagni con gli anfratti, i rittani, le gole, che coprono gli assalti e le ritirate. La Langa protegge i suoi figli contro i traditori e gli invasori. E' lei, la grande Madre, la vera barriera contro il nemico: "Loro avevano ammazzato, più borghesi che partigiani, avevano fatto falò di cascine, e razziato, avevano forzato le donne, intruppati uomini e preti perché gli portassero le cassette delle munizioni e gli facessero scudo da noi. Erano venuti in tre divisioni, per setacciare tutto e tutti. Ma, chiedo perdono ai morti e alle loro famiglie, scusa a quelli che ci han perduta la casa e il bestiame, ma io credo che allora tedeschi e fascisti non si

---

34. D. Lajolo, *Le masche* in *I Mé*, Firenze, Vallecchi, 1977

siano salvate le spese. Non fu abilità nostra, né che loro fossero tutte schiappe. Fu, con la sua terra, la sua pietra e il suo bosco, la Langa, la nostra grande madre Langa"[35].

A Madre Langa Fenoglio rivolge le domande esistenziali più grandi sulla vita e la morte, sull'amore e la giustizia ed è lei, in senso mitico, a dare le risposte nelle pagine de Il partigiano Johnny. E sembra riemergere il mito di Gaia.

Nell'antichità il cosmo apparteneva a Gaia, la grande dea che era come il grembo della donna, e il paesaggio antico non era altro che la metamorfosi divina, come scrive Venturi Ferriolo. L'immaginazione della terra esprimeva una forza archetipa, seminale, ostinata, insegnando alla mano e alla mente dell'uomo a non muoversi troppo velocemente, all'occhio a notare le differenze palpabili, al corpo a stare seduto immobile a soppesare, a sentire, a misurare e a ponderare l'antica sapienza contadina[36].

A riprendere i miti della terra sul modello dell'antica Grecia, rivelandoli nella loro arcaicità come eterni ed assoluti, è Cesare Pavese, che riesce a coniugare la tradizione culturale classica con la matrice materiale del mondo di Langa. Per narrare la sua terra mitica, lo scrittore ricerca anche una nuova lingua letteraria, contaminando la sua scrittura colta con il dialetto langarolo, che è scabro come le pietre della collina. Riesce così a interpretare la cadenza delle parole e il ritmo lento

35. B. Fenoglio, *Il partigiano Johnny*, cit.
36. M. Venturi Ferriolo, *Percepire il paesaggio*, cit.

dei gesti contadini.

La Langa, con il suo paesaggio ancestrale di colline a forma di mammella, è femmina conturbante. Nel racconto *La belva*[37] il protagonista Endimione è un uomo solo e sognatore, perdutamente innamorato di Artemide, la dea vergine con cui può dialogare soltanto nella dimensione onirica. Artemide è la signora delle belve, emerge dalla selva, è madre divina, donna-dea che è infinite cose della terra e del cielo in una sola: la natura intoccabile. E' divina, ma terribile, una belva da cui Endimione vorrebbe essere dilaniato come il pastore lacerato dai cani.

Gli archetipi della terra, del sogno, del divino, della luna vengono concentrati in Artemide dalla voce rauca, fredda, materna, come quella della donna più importante nel destino di Pavese. La figura divina qui si incarna in chiave autobiografica e si intreccia con l'amante che lo ha tradito, donna-dea, lontana e inaccessibile, per un uomo destinato alla solitudine.

La Langa di Cesare Pavese è sensuale nella conformazione geologica delle colline, negli odori quando la calura estiva sale dalla terra e la luna d'agosto s'incontra con i riti pagani dei falò. E' una dea che ha in sé il silenzio arcaico della terra. Pavese traduce simbolicamente il tempo contadino con la stessa scansione ciclica di quello della cultura classica. **Il tempo** di Langa non viene misurato in anni, ma con l'avvicendarsi delle stagioni che si alternano in un eterno ritorno. E'

---

37. C. Pavese, *La belva,* in *Dialoghi con Leucò,* Torino, Einaudi, 1947

un tempo lento, costruito con rassegnazione e determinazione, con fatica e silenzio, in un'osmosi mitica ed assoluta tra l'uomo e la terra. Scrive: "Il giorno che mi fermai ai piedi di un campo di granoturco e ascoltai il fruscio dei lunghi steli secchi ossi nell'aria, ricordai qualcosa che da tempo avevo dimenticato. Dietro al campo, una terra in salita, c'era il cielo vuoto. (...) Nulla mi deve quel campo, perché io possa far altro che tacere e lasciarlo entrare in me stesso. E' il campo e gli steli secchi, a poco a poco mi frusciano e si fermano in cuore, tra noi non occorrono parole. Le parole sono state fatte molti anni fa. Quando veramente? non so. E nemmeno so che cosa potevano essersi detto, un campo di granturco e un ragazzo. Ma un giorno mi ero certo fermato – come se con me si fermasse il tempo - e poi, il giorno dopo e un altro ancora, per tutta una stagione e una vita, davanti a un simile campo; e quello era stato un limite, un orizzonte familiare in cui le colline, basse tant'erano remote, trasparivano come visi a una finestra. (...) Che il tempo allora si sia fermato lo so perché oggi ancora davanti al campo lo trovo intatto, è un fruscio immobile. Capisco d'aver innanzi una certezza, di avere come toccato il fondo di un lago che mi attendeva, eternamente uguale"[38].

Pavese coglie, attraverso le trame visibili e invisibili, la profondità del paesaggio e presagisce che l'arcaica civiltà contadina della sua terra sta sgretolandosi sotto la pressione della modernità. Così, con la sua narrazione, la riporta a una situazione

---

38. C. Pavese, *Il campo di granturco* in *Racconti*, cit.

fuori dal tempo nell'eternità mitica del passato.

Nel romanzo-testamento *La luna e i falò*[39], con cui chiude il cerchio della sua vita, gli elementi primordiali del paesaggio langarolo emergono come protagonisti e trasmettono emozioni profonde: la vigna, le nuvole, l'albero, il grano, la luna e il sole fanno parte integrante del racconto, aiutano a delineare i tratti fisici e i comportamenti dei personaggi e la stessa cadenza delle stagioni.

Fenoglio evidenzia la religiosità ancestrale del **silenzio** della natura, quando il giorno si spegne in un "cielo comatoso", e "sotto il sole avvizzente" l'ombra dei rami degli alberi appare damascata. Per cogliere l'emozione del luogo, le voci di chi sale sulla cresta delle colline devono adattarsi al nuovo speciale silenzio del mondo boschivo, un bruire concentrato, che fa immaginare il cadere del fuoco nelle sue ceneri: "Camminava in silenzio, imposto dal vero stesso acme del godimento. C'era un misto di bellezza e di dolorosità, e religiosità anche, come nell'ultimo decretato abbraccio con una partente amante. Tutta la natura aveva un più libero eppure sospeso respiro, come uno stadio di miglioramento avanti il finale declino e catalessi"[40].

Per la scrittrice Camilla Salvago Raggio, che vive sulle colline dell'Acquese, il silenzio è compagno di pensieri: "Qui, l'ho detto, il silenzio è assordante. Di notte ti avvolge, e percepisci la sua compattezza come una voce che ti parli dentro: la ascolti e ne sei cullato, rassicurato, blandito. E di giorno

39. C. Pavese, *La luna e i falò*, Torino, Einaudi, 1950
40. B. Fenoglio, *Il partigiano Johnny*, cit.

ti aiuta a pensare storie, vicende, progetti da dipanare come gomitoli arresi alle tue mani e in questo silenzio senti di non essere solo. Perché il silenzio è soprattutto compagnia"[41].

Ai contadini non servono molte parole per intendersi, per trasmettere i gesti di lavoro sulle viti e sulle zolle, per crescere i figli ma anche per divertirsi con le carte e con le bocce. Il lavoro si impara con i gesti e non a parole. Non si dicono parole quando si emigra e quando si ritorna al paese, quando si va in guerra o quando si combatte il nemico sulle colline. Quando il silenzio è interrotto da parole, sono quelle essenziali, decisive, come scrive Davide Lajolo: "La mia gente mi sta dentro come le piante, l'erba verde, le colline, il sole rosso al tramonto quando si sperde oltre le Langhe e oltre le montagne. Qui molti uomini parlano da soli, discutono le loro questioni soltanto con la luna al buio della sera, distesi nel cortile sulle foglie che fasciavano il granoturco. Ed è come se la luna gli desse risposta perché ribattono e annuiscono e attribuiscono alla luna molti dei loro guai"[42].

La **luna** è la misteriosa compagna delle passeggiate notturne di Lajolo, ritmate dal canto intermittente dei grilli, che si alza dai prati: "La luna stanotte è più tenera della più bella donna del mondo. Si è alzata lontano, man mano si è avvicinata sopra la mia testa a guardarmi, come a parlarmi. E' tenera e soffusa di luce. Il cielo è limpido.

41. C. Salvago Raggio, *I silenzi dalle Langhe alla Sicilia alla Sardegna*, Catanzaro, Rubbettino, 2006
42. D. Lajolo, *Il Chon e il girasole* in *I Mé*, cit.

Solo qualche cirro bianco di nubi soffici laggiù verso le montagne, che si alzano ombre misteriose dalle mille teste"[43].

Le **stagioni**, con le cadenze dei lavori della campagna, sono sempre la cornice delle vicende e dei comportamenti dei personaggi. Il paesaggio impregna i gesti, le esperienze, il ritmo di lavoro dei suoi abitanti in un'osmosi assoluta tra l'uomo e la terra, congiunti in un unico destino, indissolubile. E i contadini affrontano le sventure della vita allo stesso modo delle avversità naturali, perché sono convinti che questo è il destino immutabile della natura e degli uomini, a cui non ci si può ribellare. Davide Lajolo dà al bianco dell'inverno l'emozione dell'infinito: "Le colline monferrine d'inverno, sotto la neve e il gelo, prendono l'aria delle montagne. Le groppe coperte di neve, gli alberi bianchi di brina che sostituisce le foglie, i filari imbacuccati di fiocca, coperte le strade e i sentieri, tutto appare come terra da esplorare. Eppure di notte, sotto la luna, quel paesaggio astrale mi ha sempre preso nella sua malia e fin da bambino volevo a tutti i costi resistere al freddo, sporgendomi dalla finestra, per contemplarlo. Il bianco sotto la luna diventava un colore infinito. Possono essere i colori infiniti?"[44]

I fiori di sambuco in primavera ricordano a Lajolo il vestito da sposa: "Alla curva della strada, prima che inizi l'armoniosa sfilata dei filari con le viti che già mostrano i primi grappoli verdi, ecco

43. D. Lajolo, *Veder l'erba dalla parte delle radici*, Milano, Rizzoli, 1977
44. D. Lajolo, *Magnan e spazzacamini* in *Il merlo di campagna e il merlo di città*, cit.

una grande pianta di sambuco. E' tutta un fiore, bianca come un vestito da sposa di paese fino a coprirle le foglie e il tronco. Si è tanto allargata nella fioritura da sbarrare quasi completamente la strada"[45]. I fiori sono complessi e solidi, come se ogni acino fosse ricamato e riportano lo scrittore ai giochi dell'infanzia, quando quei fiori diventavano ghirlande per le bambine che giocavano al matrimonio, e poi si tramutavano negli acini neri che, spremuti tra le mani, diventavano inchiostro per versi labili".

L'estate è la stagione più amata da Lajolo: "Quando il caldo fa afa, comincia il concerto assordante delle cicale. Tacciono gli uccelli, solo il gallo dai cortili, ritto sulle zampe, alta la cresta rossa, interloquisce indispettito di tanto frinire, quasi disturbasse le sue galline accovacciate sotto l'ombra dei grossi oleandri dal profumo amaro.

La campagna dorme, non c'è brezza che faccia fremere neppure le foglie leggere delle gaggie e dei salici allineati in lunghe file sui costoni che portano a valle. E' la mia ora. Mi piace iniziare le passeggiate sulla terra sonnolenta. I due cani, Tobia e Argo, fanno strada, la lingua penzoloni, finché arriviamo ai boschi di castagno e ci inoltriamo nell'ombra sapida di sapori silvani"[46].

Nelle giornate più limpide il cielo splende sulle colline con una luminosità particolarmente intensa. Giovanni Arpino ne fa un paragone ani-

---

45. D. Lajolo, *L'incantesimo dei fiori di sambuco*, in *Il merlo di campagna e il merlo di città*, cit.

46. D. Lajolo, *I baffi di Giospin*, in *Il merlo di campagna e il merlo di città*, cit.

malesco: "La luce era ancora alta, morbida come il pelo di un coniglio, ben tesa nella sua celeste uniformità di dopo il tramonto. Andavo per il sentiero, con pienezza, con la facilità, la consistenza, la salute di un giovane animale, pronto a godere di tutto, godendo di me"[47].

Gina Lagorio vive quella luminosità come solenne e malinconica: "Era una di quelle giornate di luce che rivelano pura la bellezza delle Langhe e danno anche a chi non vi è nato un'emozione profonda. Perché non vi è niente, in quel paesaggio, che non sia essenziale, niente di artificioso, nessuna concessione al decorativo: tra le Alpi che chiudono il cielo e le strade che corrono sui crinali si apre un mare di lunghi dossi in fuga come onde parallele, tra cui fiumi di povera acqua si sono scavati un letto stretto e ogni palmo di terra è segnato dalla presenza dell'uomo che i volumi tutti simili e i colori ripetuti, mai squillanti – grigi sfumati e verdi cupi con qualche rara macchia di tenue marrone – sembrano esprimere come la storia di un'antica miseria e di una generosa pazienza. Un paesaggio casto e severo che fa sentire quello che appare simbolo di quel che si muove dentro, nelle azioni e negli affetti degli uomini"[48]. Dopo la vendemmia la natura sembra spegnersi. Scrive Lajolo: "L'autunno si adagia greve nei suoi colori spossati. La campagna ha dato tutto. Gli alberi perdono le foglie al primo alitare del vento, sotto ai pioppi e ai gelsi si forma uno strato di fo-

47. G. Arpino, *L'ombra delle colline*, Torino Einaudi, 1964
48. G. Lagorio, *Fuori scena*, Milano, Garzanti, 1990

glie gialle con dentro mischiati tanti altri colori.
Come se anche la natura si sgravasse in un addio
che il sole, appena torna a splendere per qualche
giorno nell'estate di San Martino, pare volere pro-
lungare in una lenta agonia per consumarlo senza
angosce e senza schianti. Autunno: il senso della
morte dolce. Sparire tra colori irripetibili"[49].

6. Gli itinerari letterari

Le installazioni di **Itinerari letterari** nei luoghi
descritti dagli scrittori, in particolare da Pavese,
Lajolo e Fenoglio, conducono a scoprire la fonte
della loro ispirazione. Sono organizzati con una
segnaletica esplicativa e narrativa, riprendendo
alcuni brani significativi, che offrono suggestive
emozioni al visitatore. Rimandano da un luogo
all'altro e compongono una geografia letteraria
all'interno di quella paesaggistica, mettendo in
stretta relazione gli scrittori con la percezione di
un paesaggio, riconosciuto dall'Unesco patrimonio dell'umanità.
Sono molto apprezzati dai turisti anche per gli
eventi (passeggiate, letture, performance teatrali,
musica, conversazioni e convegni, degustazioni)
che con cadenza periodica vengono organizzati e
che richiamano molto pubblico.
In quei luoghi la letteratura si coniuga con la
campagna e la memoria contadina, intessendo un
dialogo affascinante e seducente. E' bello inol-
trarsi tra i ripidi sentieri delle vigne e dei boschi

---

49. D. Lajolo, *E la monaca diventò bianca*, in *Il merlo di campagna e
il merlo di città*, cit.

ed ascoltare il silenzio e i rumori della campagna, sentire recitare dagli attori le parole degli scrittori o leggerle come in un breviario personale, inseguendo le frasi che riemergono nella memoria o che si incontrano per la prima volta. Nelle passeggiate si scoprono paesi arroccati, vecchie cascine che hanno dentro storie centenarie, agriturismi per ristorare il palato, enoteche e cantine di vini pregiati, "casotti" a presidio dei bricchi delle colline. Percorrere i sentieri degli Itinerari è il metodo migliore per scoprire la simbolica interiorità della terra langarola e monferrina e i suoi riti di memoria e di letteratura.

Parte quarta

PATRIMONIO CULTURALE DELL'UMANITÀ

1. La tutela del paesaggio

Il paesaggio rurale rispecchia il mutare della situazione socio-economica anche in relazione all'evoluzione di tecniche e tipologie produttive. Come insegna Emilio Sereni[50] nella *Storia del paesaggio agrario italiano*, le attività produttive hanno impresso coscientemente e sistematicamente nel corso dei secoli i **segni del lavoro** contadino e della **storia umana** nel paesaggio agrario.

Cambiate le modalità di organizzazione economica e sociale della comunità e introdotte le abitudini cittadine nella vita quotidiana, anche le popolazioni rurali stanno trasformando radicalmente la loro identità secolare. Ma, nonostante i cambiamenti in atto, il paesaggio collinare mantiene **memoria** delle tecniche di quella agricoltura arcaica, che ha saputo intervenire sapientemente sulla condizione morfologica e pedologica delle colline con sistemazioni irrigue, messa a coltura dei suoli solatii, diverse modalità di aratura.

Per la sua identità culturale e produttiva il paesaggio viticolo delle Langhe - Roero e Monferrato è uno **scenario complesso**, che ha caratteri originali e unici, irriproducibili altrove e conserva culturalmente e materialmente le tracce secolari dei fattori economici e sociali, politici e strutturali

---

50. E. Sereni, *Storia del paesaggio agrario*, Bari, Laterza, 1961

della storia produttiva collinare.

Gli studiosi dell'ambiente e gli storici del paesaggio, come l'architetto Annalisa Maniglio Calcagno[51], esprimono molte riserve sull'introduzione delle nuove modalità produttive al fine di aumentare la produttività, sostenendo che la meccanizzazione, modificando il profilo dei suoli, ha compromesso il naturale equilibrio ambientale e l'agricoltura intensiva ha sacrificato la biodiversità.

Ma è pur vero che il paesaggio agrario è un **prodotto economico** del lavoro dell'uomo ed è destinato a decadere se non dà remunerazione e la nuova organizzazione economica della produzione vinicola ha notevolmente migliorato il reddito e le condizioni di vita del viticoltore. Quindi non va demonizzata, ma gestita al meglio salvaguardando la capacità della fertilità dei suoli e la qualificazione della produzione agricola in vista di uno sviluppo ambientale coerente e sostenibile.

Il danno più grave al paesaggio e all'ambiente non lo hanno causato tanto le nuove tecniche produttive quanto l'estesa urbanizzazione con scopi residenziali e produttivi e le infrastrutture impattanti con una slabbrata espansione nei fondi valli, che hanno modificato la configurazione storica dei paesi.

Indubbiamente la **tutela del paesaggio** è problema aperto e di grande attualità. Nell'ultimo trentennio si sono registrati passi significativi nelle dichiarazioni di intenti, che, seppure non sempre concretizzati, hanno, comunque, diffuso una nuo-

---

51. A. Maniglio Calcagno, *L'eredità culturale del paesaggio*, in (a cura di L. Lajolo) *Gli uomini e la terra*.

va coscienza ecologica.

Già nel 1948 la Costituzione repubblicana nell'art. 9 ha dichiarato solennemente: "La Repubblica promuove lo sviluppo della cultura e la ricerca scientifica e tecnica. Tutela il paesaggio e il patrimonio storico e artistico della Nazione". Ma il primo provvedimento del governo italiano in questa direzione è del 1985, quando il Ministro dei Beni culturali Giuseppe Galasso ha emanato una normativa per la tutela dei beni naturalistici ed ambientali in Italia. La legge Galasso ha classificato le bellezze naturalistiche in base alle loro caratteristiche peculiari suddividendole per classi morfologiche e ha stabilito l'obbligo per le Regioni (per altro ampiamente disatteso) di redigere piani paesaggistici che salvaguardino i valori naturalistici del territorio e la tutela della diversificazione dei paesaggi.

Nel 1994 il Consiglio d'Europa ha espresso una raccomandazione, in cui si legge che i paesaggi rurali sono un insostituibile documento delle secolari tradizioni del rapporto uomo ambiente e ha invitato le società rurali a svolgere un ruolo importante nella conservazione di quel patrimonio culturale e naturale e nella gestione delle risorse naturali.

Nel 2000 la *Convenzione europea del paesaggio* ha posto la centralità strategica delle politiche del territorio, definendo il paesaggio come un sistema vivente in continua evoluzione in quanto risultato del rapporto tra natura e opera dell'uomo, con valori storico-culturali, ecologico-naturalistici, estetico-percettivi da tutelare.

Il documento del 2006 *European culture trough agrarian landscape* ha individuato l'obiettivo principale di identificare, classificare, valutare e proteggere i paesaggi agrari in accordo con la *World Heritage Convention* (UNESCO) e con la *Convenzione Europea del paesaggio*, perché il miglioramento dei paesaggi agrari è la condizione per realizzare lo sviluppo sostenibile.

Il paesaggio, in quanto organismo complesso e mutevole nel tempo in un'incessante correlazione di azioni e rapporti tra l'uomo e il suo territorio, va, dunque, vissuto come una risorsa collettiva e una **fonte di benessere**.

Nel 2009 la Regione Piemonte ha adottato il *Piano paesaggistico regionale*[52], facendo riferimento alle leggi di tutela in vigore, e ha definito il quadro strutturale delle risorse e delle opzioni fondamentali riguardo alle scelte paesaggistico-ambientali, urbanistico-insediative, economiche-territoriali e infrastrutturali. Il territorio regionale è stato suddiviso in 76 ambiti di paesaggio, distintamente riconosciuti e analizzati secondo le peculiarità naturali, storiche, morfologiche e insediative. Per ciascun ambito sono stati indicati gli obiettivi di qualità paesaggistica, le strategie e gli indirizzi, rinviandone la precisazione ai piani provinciali e locali. Ha individuato anche le unità di paesaggio, che rappresentano la rete di connessione paesaggistica di elementi ecologici, storico-culturali e della percezione fruitiva. Il piano è tuttora al vaglio del Ministero Beni Culturali.

---

52. Regione Piemonte, DGR n. 53-11975 del 4 agosto 2009

2. La lunga strada della candidatura a patrimonio dell'umanità

Il Piano paesaggistico comprende anche il **progetto di candidatura UNESCO dei Paesaggi vitivinicoli di Langhe - Roero e Monferrato**, approvato dalla Regione Piemonte nel marzo 2010. I paesaggi collinari delle province di Alessandria, Asti e Cuneo sono stati proposti come aree vitivinicole di eccellenza con un ricco e diversificato sistema di aziende agricole, industrie enologiche, cantine sociali, enoteche pubbliche e private, cascine, che descrivono le tradizioni e le pratiche enologiche dello sviluppo della viticoltura e dell'enologia nazionale e internazionale. Sono stati, inoltre, evidenziati gli aspetti ambientale, storico-culturale, scenico-percettivo, urbanistico-insediativo di quel patrimonio rurale.

La candidatura del sito *I paesaggi vitivinicoli del Piemonte: Langhe-Roero e Monferrato* è stata avviata ufficialmente il 1° giugno 2006 con l'iscrizione nella *tentative-list* italiana del Patrimonio Mondiale dell'UNESCO da parte del Gruppo di lavoro interministeriale permanente per il Patrimonio Mondiale. L'11 febbraio 2008 è stata sottoscritta l'Intesa tra il Ministero per i Beni e le Attività Culturali, la Regione Piemonte e le Province di Alessandria, Asti e Cuneo al fine di individuare dei siti di eccezionale valore da iscrivere al Patrimonio UNESCO.

Nei due anni successivi, sulla base dei pareri espressi dal Ministero dei Beni e delle Attività Culturali, in collaborazione con la Regione Piemonte le province interessate, sviluppando il progetto di candidatura, hanno redatto il *Dossier* di candidatura e il *Piano di gestione* per l'Unesco, in cui hanno messo a punto la planimetria delle delimitazioni delle zone di eccellenza (*core zone*) e delle zone tampone (*buffer zone*) del territorio. Quindi la Giunta Regionale del Piemonte, con la deliberazione del 16 marzo 2010, ha stabilito le perimetrazioni e le normative relative e con un documento tecnico esplicativo ha indicato le modalità per le varianti ai piani regolatori dei Comuni inseriti nelle aree di eccellenza al fine di realizzare la rete di tutela del sito richiesta dall'UNESCO come condizione preliminare[53].

I Comuni inclusi nelle *core zone* hanno, quindi, dovuto inserire nelle norme urbanistiche le prescrizioni per conservare l'integrità dei luoghi, escludere ampliamenti degli edifici e della viabilità esistente e qualsiasi nuovo intervento che alteri la percezione visiva di quel paesaggio, inserire le norme per garantire l'immediata tutela dei territori con prescrizioni vincolanti e cogenti per tutti i soggetti pubblici e privati.

Il 10 gennaio 2011 è stata istituita da Regione Piemonte e Province di Alessandria, Asti e Cuneo **l'Associazione per il patrimonio dei Paesaggi vitivinicoli di Langhe - Roero e Monferrato**[54] con il compito di sostenere e promuovere il progetto di candidatura. Il 21 gennaio 2011 è stato consegnato nella sede di Parigi dell'UNESCO il primo *Dossier di candidatura*, che segnalava 74

---

53. Regione Piemonte, Determinazione Dirigenziale n.460 del 20 luglio 2010
54. www.paesaggivitivinicoli.it

comuni in *core zone* e altri in *buffer zone* per un numero complessivo di 203 comuni[55].

Nella prima settimana di ottobre 2011 un esperto valutatore di ICOMOS[56] ha fatto un sopralluogo sui territori designati e la Commissione di valutazione ha richiesto due volte un approfondimento. Nel maggio 2012 è stato espresso un parere tecnico di riconoscimento del valore eccezionale dei territori, ma è stata rinviato la candidatura con parere di "Deferral" (cioè un rinvio pesante) con la sottolineatura di alcune criticità.

---

55. Le nove zone indicate sono: "Freisa" (Moncucco T., Albugnano, Pino d'Asti, Castelnuovo don Bosco); "Grignolino Ruchè" (Castell'Alfero, Grana, Grazzano Badoglio, Olivola, Cella Monte, Ozzano, Casorzo, Viarigi, Scurzolengo, Portacomaro, Sala Monferrato, Rosignano, Camagna, Vignale, Altavilla, Ottiglio, Frassinello, Montemagno, Castagnole Monferrato, Calliano, Asti); "Barbera" (Nizza Monf.to, Castelnuovo Calcea, Vinchio, Vaglio Serra, Agliano, Montegrosso); "Barbaresco" (Barbaresco, Neive); "Barolo" (Barolo, Castiglione Falletto, Serralunga, Monteu, La Morra, Diano, Monforte, Novello); "Dolcetto di Dogliani" (Farigliano, Belvedere Langhe, Clavesana, Bastia Mondovì, Dogliani, Murazzano, Cigliè, Rocca di Cigliè); "Moscato" Canelli-S. Stefano Belbo (Canelli, Neive, Mango, Camo, S. Stefano Belbo, Castiglione Tinella, Coazzolo, Castagnole Lanze, Costigliole d'Asti, Calosso); "Moscato" Loazzolo (Bubbio, Cessole, Vesime, Cossano Belbo, Loazzolo); Fontanil-Ricaldone (Calamandrana, Fontanile, Quaranti, Castelletto Molina, Ricaldone, Alice Bel Colle, Cassine, Mombaruzzo, Castel Rocchero,Strevi, Castel Boglione); "Dolcetto d'Ovada" (Rivalta Bormida, Montaldo Bormida, Carpeneto, Rocca Grimalda).

56. International Council on Monuments and Sites (ICOMOS) è una organizzazione internazionale non governativa che ha principalmente lo scopo di promuovere la teoria, la metodologia e le tecnologie applicate alla conservazione, alla protezione e alla valorizzazione dei monumenti e dei siti di interesse culturale. L'ICOMOS è stato fondato nel 1965 come risultato della Carta di Venezia del 1964 e dai consigli all'UNESCO sui Patrimoni dell'umanità. Il suo quartier generale è a Parigi. Ne fanno parte oltre 7000 membri, provenienti da diversi paesi ed esperti di diverse discipline: architetti, storici, archeologi, storici dell'arte, geografi, antropologi, ingegneri e urbanisti.

I rilievi principali di ICOMOS riguardavano la se-
lezione delle core zone considerata troppo estesa,
non sufficientemente giustificata dall'associazione tra il vitigno autoctono e il vino e, nell'insieme,
non significativamente adeguata a rappresentare
l'Eccezionale Valore Universale.

Nella riunione svoltasi a San Pietroburgo (giugno 2012) il Comitato per il Patrimonio mondiale
dell'UNESCO ha confermato il parere ICOMOS[57]
e ha chiesto che venissero precisati i criteri di se-
lezione in funzione della relazione tra vitigno,
denominazione di origine e territorio e che tali
criteri fossero applicati in modo rigoroso riguardo alla scelta dei siti realmente significativi e alla
perimetrazione dei confini.

Tale decisione ha imposto di riconsiderare complessivamente il *Dossier* coinvolgendo anche il
Ministero per le Politiche Agricole e Forestali, e si
è giunti alla conclusione di ridurre il numero delle
core zone, di modificare le denominazioni e la superficie della buffer zone. Sono stati inclusi 29 comuni in *core zone* quali componenti del seguente
sito seriale: 1 La Langa del Barolo; 2 Il Castello di
Grinzane Cavour; 3 Le Colline del Barbaresco; 4
Nizza Monferrato e il Barbera, 5 Canelli e l'Asti
spumante, 6 Il Monferrato degli Infernot. In *buffer
zone* sono stati inseriti 100 comuni[58].

La nuova proposta è stata presentata a Parigi il
30 gennaio 2013 e un nuovo sopralluogo (dal 10
al 13 settembre 2013) di un esperto ICOMOS ha
dato un risultato positivo. Il 30 settembre la Regio-

---

57. Decisione 36COM8B.32

58. ALLEGATO 1 alla D.G.R. n. 34-6436 del 30.09.2013
29 comuni in Core Zone o divisi tra Core e Buffer 72 comuni
interessati dalla Buffer Zone, completamente o in parte

Comuni in Core Zone

1 1 Barolo CN		1 1 Castiglione Falletto CN
1 1 Diano d'Alba CN		1 1 La Morra CN
1 1 Monforte d'Alba CN		1 1 Novello CN
1 1 Serralunga d'Alba CN		2 1 Grinzane Cavour CN
3 1 Barbaresco CN		3 1 Neive CN
4 1 Agliano AT		4 1 Castelnuovo Calcea AT
4 1 Mombercelli AT		4 1 Montegrosso d'Asti AT
4 1 Nizza M.to AT		4 1 Vaglio Serra AT
4 1 Vinchio AT		5 1 Calosso AT
5 1 Canelli AT		5 1 S.Stefano Belbo CN
6 2 Camagna M.to AL		6 2 Cella Monte AL
6 2 Frassinello M.to AL		6 2 Olivola AL
6 2 Ottiglio AL		6 2 Ozzano M.to AL
6 2 Rosignano M.to AL		6 2 Sala M.to AL
6 2 Vignale M.to AL		Totale 29

Buffer	Comuni	Prov.
1 Acqui Terme AL		1 Vigliano d'Asti AT
1 Alice Bel Colle AL		1 Alba CN
1 Bergamasco AL		1 Castiglione Tinella CN
1 Bistagno AL		1 Cherasco CN
1 Cassine AL		1 Dogliani CN
1 Masio AL		1 Mango CN
1 Occimiano AL		1 Monchiero CN
1 Ricaldone AL		1 Montelupo Albese CN
1 Strevi AL		1 Monticello d'Alba CN
1 Terzo AL		1 Narzole CN
1 ASTI AT		1 Neviglie CN
1 Belveglio AT		1 Roddi CN
1 Calamandrana AT		1 Roddino CN
1 Cassinasco AT		1 Rodello CN
1 Castagnole delle AT		1 S.Vittoria d'Alba CN
1 Castel Boglione AT		1 Sinio CN
1 Castel Rocchero AT		1 Treiso CN
1 Castelletto Molina AT		1 Trezzo Tinella CN
1 Castelnuovo Belbo AT		1 Verduno CN
1 Coazzolo AT		2 Altavilla M.to AL
1 Cortiglione AT		2 Casale M.to AL
1 Costigliole d'Asti AT		2 Castelletto Merli AL
1 Fontanile AT		2 Cereseto AL
1 Incisa Scapaccino AT		2 Conzano AL
1 Isola d'Asti AT		2 Cuccaro M.to AL
1 Maranzana AT		2 Fubine AL
1 Moasca AT		2 Lu AL
1 Mombaruzzo AT		2 Ponzano M.to AL
1 Mongardino AT		2 Serralunga di Crea AL
1 Montabone AT		2 Terruggia AL
1 Montaldo Scarampi AT		2 Treville AL
1 Quaranti AT		2 Casorzo AT
1 Rocca d'Arazzo AT		2 Grana AT
1 Rocchetta Palafea AT		2 Grazzano Badoglio AT
1 Rocchetta Tanaro AT		2 Moncalvo AT
1 S.Marzano Oliveto AT		2 Penango AT
		Totale 72

ne Piemonte ha assunto una nuova deliberazione per aggiornare l'iter del progetto con le variazioni sulle nuove perimetrazioni e dare disposizioni di protezione anche per le buffer zone[59].

3. La dichiarazione dell'Unesco di inclusione nella lista del patrimonio dell'umanità

Il 22 giugno 2014, nella riunione di Doha in Qatar, Il Comitato per il Patrimonio Mondiale dell'UNESCO ha inserito nel World Heritage List i paesaggi vitivinicoli di Langhe–Roero e Monferrato come **50mo sito Unesco italiano.**

Sono stati riconosciuti i quattro sistemi produttivi di vino più rilevanti in Piemonte, delimitati nelle sei componenti proposte del sito: Barolo, Barbaresco, Barbera d'Asti, Asti Spumante in quanto vini di altissima qualità, tutelati da una specifica Docg (denominazione d'origine controllata e garantita), e ognuno generato da un particolare legame tra vitigno, terroir (suolo e clima) e tecnica di vinificazione.

La prima componente è l'area della **Langa del Barolo**, che comprende i territori storicamente favorevoli alla coltivazione del vitigno Nebbiolo, da cui si produce il Barolo, vino rosso a lungo invecchiamento dal consolidato prestigio internazionale. Nell'area sono presenti numerosi luo-

---

59. REGIONE PIEMONTE BU43 24/10/2013, Deliberazione della Giunta Regionale 30 settembre 2013, n. 34-6436 Candidatura UNESCO "I Paesaggi vitivinicoli del Piemonte: Langhe-Roero e Monferrato". Specificazioni sulla protezione della buffer zone. Integrazione della DGR del 16 marzo 2010 con richiamo delle disposizioni contenute nell'art. 9 della legge urbanistica regionale n. 56/1977 sulle misure cautelari per la tutela dell'ambiente, della natura e del paesaggio.

ghi del vino relativi alla filiera produttiva, tra cui spiccano aziende vitivinicole storiche che hanno contribuito alla nascita e sviluppo di questo vino, quali i possedimenti di Fontanafredda appartenuti alla casa Reale dei Savoia e le proprietà della Famiglia Falletti di Barolo. I borghi medievali Barolo, Castiglione Falletto e Serralunga d'Alba sono caratterizzati dall'imponente presenza di castelli in ottimo stato di conservazione, che sono importanti riferimenti visivi e identitari, attorno ai quali si sono modellati i centri urbani. A Barolo è aperto il Museo del Vino nella storia e nelle arti, nei miti universali e nelle tradizioni locali.

La seconda componente è il **Castello di Grinzane Cavour**, proprietà di Camillo Benso conte di Cavour, il quale seguì personalmente le prime sperimentazioni per migliorare le tecniche di produzione dei vini rossi piemontesi. Attualmente, il castello ospita la prima Enoteca Regionale del Piemonte e uno dei più completi musei etnografici di tradizione vitivinicola della Regione. Il vigneto ai piedi del castello è un importante centro di ricerca e sperimentazione sul patrimonio viticolo piemontese e presenta una delle più ampie collezioni di vitigni a livello europeo.

La terza componente, **Le colline del Barbaresco**, comprende vigneti prevalentemente coltivati a Nebbiolo, da cui si produce appunto il Barbaresco, vino rosso a lungo invecchiamento, famoso a livello internazionale. La zona include i borghi di Barbaresco e Neive e aziende molto qualificate, quali la cantina dei Produttori di Barbaresco e le cantine Gaya, per citare le più famose. Monumento molto interessante è l'imponente torre medievale di Barbaresco a strapiombo sul Tanaro.

La quarta componente è **Nizza Monferrato e il Barbera**, in cui si produce l'omonimo vino rosso docg, il vino rosso piemontese più esportato all'estero. La filiera produttiva del Barbera è tradizionalmente legata al sistema della cooperazione, come la cantina sociale di Vinchio e Vaglio Serra, che ha contribuito, insieme a importanti aziende private, a perfezionare le più moderne tecniche di vinificazione. Vi sono significative testimonianze della cultura del vino, tra cui il Museo Bersano, che ospita una ampissima collezione di attrezzi da lavoro in vigna e memorie del "saper fare" contadino. La città di Nizza Monferrato, identificata come la "capitale" del Barbera, è inoltre un notevole esempio di "villanova" medievale dalla consolidata tradizione commerciale.

La quinta componente, **Canelli e l'Asti spumante**, è prevalentemente coltivata a Moscato Bianco, dal cui vitigno si produce il vino spumante aromatico Asti, il bianco italiano più esportato all'estero. L'Asti viene vinificato con una specifica tecnica inventata e perfezionata dall'enologo piemontese Federico Martinotti alla fine del XIX secolo. La tradizione spumantiera piemontese e italiana fu avviata a partire dalla seconda metà dell'Ottocento proprio a Canelli, città commerciale e nota per l'industria enomeccanica. Le industrie spumantiere possiedono imponenti spazi di lavorazione, denominati cattedrali sotterranee, cantine voltate che rappresentano eccezionali testimonianze architettoniche del patrimonio vinicolo. Nel borgo medievale di Calosso ci sono i crutin, piccole cantine scavate nel tufo per la conservazione domestica delle bottiglie.

In particolare, la sesta componente, il **Monferrato degli infernot**, mette in risalto una singolare tipologia del manufatto architettonico detto "Infernot", scavato in una formazione geologica presente solo nel Basso Monferrato, la cosiddetta Pietra da Cantoni. Gli infernot sono ancora oggi utilizzati per la conservazione delle bottiglie e rappresentano vere e proprie opere d'arte realizzate dal "saper fare" popolare. L'area selezionata comprende le principali cave di materiale lapideo, con cui sono stati costruiti alcuni pregevoli borghi d'altura. Le vigne del territorio producono Barbera del Monferrato DOCG e di altri vitigni minori.

L'inclusione nella lista dell'Unesco delle colline del vino piemontesi risulta particolarmente importante per l'economia dei luoghi, perché conferma il valore culturale unico del paesaggio agricolo vitato ed è un efficace presidio per la tutela e la qualificazione ulteriore del territorio. Inoltre è un incentivo molto qualificante a livello internazionale per il miglioramento della qualità degli impianti viticoli e del prodotto vino e un volano economico che, se ben sfruttato, può diventare un valore aggiunto allo sviluppo agricolo del territorio.

Il riconoscimento Unesco, infatti, sottolinea in modo imprescindibile la **vocazione agricola** delle Langhe, del Monferrato e del Roero ed è in questo settore che va creata nuova ricchezza, coniugando innovazione tecnologica e antiche tradizioni di pratiche di coltivazione, così come si legge nella motivazione dell'accettazione della candidatura. Quelle terre riflettono, infatti, una combinazione, sviluppatasi in un tempo molto lungo, tra diverse gamme di suoli e varietà di vitigni originari.

Le colline ben coltivate offrono un panorama, in cui sono riconoscibili le antiche divisioni di proprietà con costruzioni che caratterizzano la visuale spaziale: villaggi sulla cima delle colline, castelli, chiese romaniche, cascinali, ciabots, cantine, stabilimenti vinicoli e luoghi di distribuzione commerciale di vini nei paesi ai margini delle vigne. Le diverse caratteristiche architettoniche e storiche degli elementi legati alla produzione vinicola, che rievocano l'arte autentica e antica del fare il vino, si coniugano armonicamente con le qualità estetiche dei paesaggi, che rappresentano un **archetipo delle vigne europee**.

L'Unesco ha preso in considerazione due criteri per affermare l'eccezionale valore culturale: gli antichi saperi, pienamente iscritti nell'attuale processo produttivo, sono esempi eminenti di insediamenti storici umani, che oggi sono resi vulnerabili da mutazioni irreversibili e, quindi, da proteggere come patrimonio culturale dell'umanità. Le tecniche di coltivazione della vigna hanno avuto una lunga e lenta evoluzione per adattarsi nel modo migliore possibile alle varietà delle viti, alla qualità e specificità della terra, alle componenti climatiche e tale patrimonio di esperienze, accumulato nei secoli con un alto grado di specializzazione, si è perfezionato al punto da diventare un marchio internazionale.

Le aree dichiarate protette sono, dunque, una realtà

estremamente complessa dal punto di vista sociale rurale e urbano e delle strutture economiche e, nel loro insieme, sufficientemente integre per esprimere il **valore universale** dal punto di vista culturale, ambientale, architettonico e produttivo.

Anche l'aspetto dell'autenticità è rispettato per i diversi aspetti del suolo, degli edifici, dell'organizzazione sociale in tutte le fasi del processo di coltivazione della vigna, poiché le antiche pratiche si coniugano con le esperienze innovative dalla coltivazione al raccolto delle uve alla vinificazione.

In conclusione l'Unesco considera il paesaggio viticolo piemontese uno dei più armoniosi e dei più rappresentativi dello scenario rurale ideale, abbellito dalle colline gentilmente ondulate, che offrono diversi e suggestivi aspetti panoramici[60].

4. I vincoli per la conservazione del paesaggio viniviticolo

La dichiarazione dell'Unesco non si limita a sottolineare gli aspetti caratterizzanti l'unicità del paesaggio vitato, ma pone **vincoli** precisi. Le aree individuate sono protette dal *Cultural Heritage and Landscape Code*[61] sotto la responsabilità del Ministero dei Beni culturali e delle sue agenzie regionali. Il provvedimento definisce le responsabilità della Regione e delle autorità locali e le procedure applicative, per cui le municipalità devono regolare e controllare i permessi per gli edifici e le variazioni che possono essere richieste, facendo riferimento ai piani regolatori comunali e ai piani

---

60. http://whc.unesco.org/en/sessions/38com/documents/
61. Decreto n°42, 22 gennaio 2004

di sviluppo urbano.

L'Associazione Paesaggi vitivinicoli Langhe.-Roero e Monferrato, insieme ai Comuni e sotto l'autorità della Regione, ha il compito di tutelare le core zone e buffer zone, proponendo e coordinando le misure conservative secondo **programmi** definiti e inseriti nel Management Plan in accordo con gli enti locali.

Le raccomandazioni dell'Unesco all'Associazione sono: a) aumentare le rappresentanze di comuni e associazioni socio-professionali al proprio interno; b) implementare le risorse finanziarie e umane; c) prestare attenzione ai valori sociali che danno un contributo importante alla gestione e alla tutela delle aree, quali i viticoltori (aziende e lavoratori) e le organizzazioni commerciali del settore, oltre che alla trasmissione delle pratiche, delle conoscenze, delle tradizioni popolari, ecc.; d) assicurare il migliore coordinamento dei progetti del Management Plan per dare impulso ai Comuni e consolidarli dal punto di vista finanziario; e) riorganizzare gli indicatori di monitoraggio della tutela e renderli più coerenti con le varie componenti del riconoscimento Unesco.

L'impegno assunto dagli enti interessati è, dunque, importante in relazione al rispetto delle norme e dei vincoli. Pertanto la Giunta regionale, in accordo con l'Associazione per il Patrimonio dei paesaggi vitivinicoli di Langhe-Roero-Monferrato e d'intesa con le Amministrazioni provinciali, ha dettato le **norme** per l'aggiornamento e la revisione degli strumenti di **pianificazione** locale dei Comuni a proposito della tutela paesaggistica e degli interventi edilizi.

A. Nelle **zone di eccellenza**[62] gli indirizzi per la salvaguardia delle componenti naturali e paesaggistiche riguardano in prima istanza la tutela del sistema idrografico, sottoposto alle prescrizioni del Piano di Assetto Idrogeologico e del Piano di Tutela delle Acque. Qualsiasi intervento sul sistema idrografico deve essere effettuato attraverso l'utilizzo di tecniche di ingegneria naturalistica e deve mantenere le specie vegetali autoctone che si trovano lungo i corsi d'acqua (quali rii, scarpate, sorgenti, torrenti e zone umide).

Per la salvaguardia dei sistemi geomorfologico e naturalistico è vietato aprire o ampliare impianti di smaltimento/trattamento dei rifiuti e di attività estrattive non compatibili, localizzare depositi di sostanze pericolose o di impianti a rischio di incidente rilevante. Inoltre è vietata la localizzazione di impianti per la produzione di energie alternative ad uso produttivo, quali campi fotovoltaici e centrali a biomasse, e le nuove reti energetiche e di comunicazione devono essere interrate.

Vanno tutelati anche gli elementi di valore estetico, percettivo e della visibilità (belvedere, bellezze panoramiche, siti di valore scenico ed estetico, strade panoramiche), senza consentire interventi che alterino la morfologia e gli elementi visivi dell'edificato e della vegetazione. Inoltre, sono vietate nelle aree agricole la realizzazione di nuovi edifici, la posa di costruzioni mobili e temporanee, la realizzazione di depositi e di reti tecnologiche

---

62. D.G.R. n. 87-13852 del 16 marzo 2010 e Documento adottato con Determina Dirigenziale n. 460 del 20/07/2010

aeree ed impianti, l'installazione di antenne, che danneggino la panoramica sui profili collinari e delle relative fasce di rispetto. Sono, invece, fatti salvi gli interventi previsti dai disciplinari di produzione delle denominazioni di origine, gli interventi di lotta obbligatoria alle fitopatie e gli interventi espressamente motivati da peculiari esigenze aziendali per l'esercizio dell'attività agricola.

Viene incentivato il ripristino degli aspetti compromessi da precedenti interventi, favorendo la rilocalizzazione o la dismissione delle attività e degli edifici incompatibili o la mitigazione di impatti irreversibili come quelli produttivi industriali e agricoli e le attrezzature tecnologiche.

Quegli interventi, che modificano la trama del paesaggio agrario quali la sistemazione e l'ampliamento della viabilità esistente, e, se necessario, la nuova viabilità o i parcheggi, possono essere realizzati facendo ricorso alle tecniche di ingegneria naturalistica. Sono ammesse nuove strade utili ad uso agricolo.

Nelle aree agricole l'amministrazione comunale deve conservare la trama costituita dal sistema viticolo storicamente consolidato e l'assetto del paesaggio agrario e dei sistemi edificati storici. Sono, quindi, vietate alterazioni significative dello strato fertile del suolo, in particolare movimenti di terra, attività estrattive ed estese impermeabilizzazioni. Vanno anche mantenuti il reticolo idrografico superficiale, il sistema dei pozzi, le sorgenti, la viabilità minore e le trame agricole, fatti salvi gli interventi espressamente motivati da peculiari esigenze aziendali per l'esercizio dell'attività agricola.

Anche la morfologia del terreno naturale va conservata mediante il ricorso alle tradizionali forme di sistemazione del terreno (terrazzamenti, ciglionamenti, etc.) e vanno mantenuti l'assetto agrario costruito, le recinzioni storiche, le alberature diffuse.

I nuovi impianti di vigneti vanno fatti con vitigni autoctoni, preferendo per la palificazione l'utilizzo di materiali cromaticamente simili a quelli naturali tradizionali. Sono ammesse altre colture agricole tradizionali allo scopo di mantenere la varietà colturale storicamente consolidata.

Per gli insediamenti rurali è solamente consentita la manutenzione ordinaria e straordinaria, il restauro e il risanamento conservativo, la ristrutturazione o l'ampliamento necessari per adeguamenti funzionali alle esigenze dell'azienda agricola. E' ammesso l'insediamento di nuove attività agricole a condizione che non sia possibile il riuso di strutture esistenti.

Gli interventi edilizi ed infrastrutturali, che comportano ristrutturazioni con modifiche esterne, ampliamenti o nuove costruzioni, e che possono incidere significativamente sulla qualità estetica dell'insieme devono essere sottoposti alla verifica della compatibilità paesaggistica ed ambientale e subordinati al parere vincolante della Commissione per il Paesaggio regionale o locale a seconda delle competenze.

Nelle aree residenziali e produttive sono consentite opere di manutenzione, restauro e risanamento conservativo e ristrutturazione, mentre gli ampliamenti dei fabbricati esistenti devono utilizzare materiali e tecniche costruttive tradizionali. I nuovi interventi edilizi devono essere sottoposti a progetti unitari di intervento, estesi al contesto paesaggistico con puntuale e esplicito riscontro in elaborati progettuali, anch'essi subordinati al parere vincolante della Commissione per il Paesaggio.

Si raccomanda anche di incentivare il riutilizzo a fini residenziali delle strutture edilizie esistenti secondo le norme già indicate per le manutenzioni con il corretto inserimento dell'edificato nel profilo collinare, senza modificazioni della morfologia. Eventuali infrastrutture e impianti tecnologici dovranno essere minimizzati utilizzando schermature e bordi vegetati.

B. In **buffer zone**[63] si applicano i vincoli di legge in materia paesaggistica e ambientale per le aree a vincolo paesaggistico ed è previsto il controllo da parte del Ministero per i beni e le attività culturali e del turismo. Tutti gli interventi di modifica dello stato dei luoghi sono soggetti al rilascio dell'autorizzazione paesaggistica da parte della Regione o del Comune a seconda della tipologia dell'intervento, previo parere favorevole vincolante della Soprintendenza competente per territorio. A livello comunale l'autorizzazione paesaggistica è attribuita alla Commissione locale per il Paesaggio, organo collegiale multidisciplinare.

Per i vincoli ambientali "Direttiva habitat" le trasformazioni sono subordinate alla Valutazione d'incidenza, procedura multidisciplinare che decide sulla fattibilità degli interventi, verificando la presenza di eventuali impatti sulla risorsa tutelata e stabilendo le misure di mitigazione e compensazione.

Il Piano Paesaggistico Regionale, adottato dalla

---

63. D.G.R. n. 34-6436 del 30 settembre 2013.

Regione Piemonte nel 2009, anche se ancora in via di revisione da parte del Ministero dei Beni culturali e della stessa Regione, ha reso già operative le norme che riguardano i vincoli paesaggistici.

Le buffer zone sono state, infatti, ricavate sulla base di 30 unità di paesaggio individuate dal Piano Paesaggistico all'interno di 4 ambiti di paesaggio quali porzioni omogenee di territorio con obiettivi di qualità paesaggistica e la loro attuazione deve avvenire con specifici strumenti di pianificazione atti a evitare la dispersione insediativa e il consumo di suolo, a integrare le aree rurali con quelle urbane e a salvaguardare la qualità visiva.

Gli Indirizzi per la **qualità paesaggistica**, presenti nel Piano Paesaggistico in particolare nella sezione dedicata ai territori collinari della produzione vinicola, forniscono esempi e modalità per il corretto inserimento delle trasformazioni edilizie e urbanistiche, a cui devono attenersi tutti i Comuni inclusi nella *buffer zone* per la progettazione di un nuovo edificio[64].

Anche il Piano Territoriale Regionale tutela il ter-

---

64. Regione Piemonte, Assessorato ai Beni Ambientali, Criteri e Indirizzi per la tutela del Paesaggio, D.G.R. n. 21-9251 del 05/05/03; Regione Piemonte, Assessorato Politiche Territoriali, a cura di DIPRADI, Indirizzi per la qualità paesaggistica degli insediamenti: Buone pratiche per la progettazione edilizia" e "Indirizzi per la qualità paesaggistica degli insediamenti: Buone pratiche per la pianificazione locale", Torino 2010; Regione Piemonte, Assessorato all'Urbanistica e alla Pianificazione Territoriale, Longhi A., Rolfo V., La struttura storica del paesaggio: buone pratiche di interpretazione, pianificazione e orientamento, Torino 2007.
Regione Piemonte, Assessorato Urbanistica, Pianificazione Territoriale e dell'Area Metropolitana, Edilizia Residenziale, Sistema delle colline centrali del Piemonte. Langhe– Monferrato e Roero. Studio di inquadramento, Torino 1999.

ritorio mediante apposita disciplina che deve essere recepita negli strumenti di pianificazione comunale. In particolare alcuni articoli delle Norme di Attuazione riguardano i territori di collina nelle zone di Langhe-Roero e Monferrato a vocazione turistica e indicano interventi per ridurre il consumo di suolo, la valorizzazione della qualità architettonica e per porre limiti alle trasformazioni nelle aree agricole. Alcune tutele sono specifiche sui vigneti quali colture di forte dominanza paesistica[65].

Anche la riforma della legge urbanistica, approvata dal Consiglio regionale nel marzo 2013, prevede la formazione dei Piani regolatori generali attraverso Conferenze di pianificazione e valutazione, a cui partecipano Regione, Provincia e Comune, e richiama gli stessi indirizzi secondo il recupero del patrimonio edilizio esistente previsto nel Piano territoriale provinciale, di cui si sono specificamente dotate le Province di Alessandria, Asti e Cuneo a sostegno della candidatura Unesco. I Comuni, con la consulenza delle commissioni regionali e locali competenti, devono garantire la tutela delle visuali dalla buffer zone alla core zone e viceversa e il rispetto dell'alto livello qualitativo per le nuove costruzioni sia per l'inserimento nel contesto paesaggistico sia per l'uso dei materiali da costruzione.

---

65. Vengono richiamate anche le Linee guida sull'inserimento paesaggistico e sulla pianificazione e progettazione, Linee guida sul recupero edilizio, Linee guida per gli interventi ambientali i criteri e i limiti per l'installazione di impianti fotovoltaici a terra.

In tale contesto di salvaguardia *l'Associazione per il patrimonio dei Paesaggi vitivinicoli di Langhe-Roero e Monferrato*, in collaborazione con la Regione, coordina la realizzazione del monitoraggio delle trasformazioni paesaggistiche nel territorio patrimonio dell'umanità. La Regione può intervenire con misure cautelari per interventi ritenuti incongrui con i valori del paesaggi, previa valutazione della Commissione regionale per gli insediamenti d'interesse storico-artistico, paesaggistico o documentario[66].

5. Il 50mo sito Unesco

In sostanza, il 50mo sito Unesco rappresenta **un'occasione irripetibile** per il territorio, in particolare per lo sviluppo armonico dell'agricoltura secondo tradizione e innovazione, nel rispetto del paesaggio che l'uomo stesso ha creato con il suo lavoro lungo molti secoli. E' una grande **eredità** di abilità manuali, di saperi, di attività che ora, a pieno diritto, è diventata patrimonio di tutta l'umanità. Così la viticoltura può essere nuovamente centrale dell'economia e favorire l'espansione delle attività collaterali, compreso il commercio e il turismo.

---

66. Legge urbanistica regionale 56/1977 e s.m.i., art. 9

INDICE

note: